NEW YORK

City Highlights

teNeues

WELT EDITION

Impressum

Herausgegeben von DIE WELT und WELT am SONNTAG
www.welt.de

Einleitung: Adriano Sack
Objekt- und Kategorientexte: Roland Mischke
Serviceteil: Marianne Bongartz, MaBo-Media, Köln
Redaktion: Sönke Krüger und Frank Rumpf (WELT am SONNTAG), Sabine Scholz und Nina Tebartz (teNeues Verlag)
Koordination: Hanna Martin und Anne-Kathrin Meier (Gesamtedition), Christiane Niemann (New York)
Layout: Martin Nicholas Kunz, Susanne Olbrich
Bildbearbeitung und Reinzeichnung: Jan Hausberg, Martin Herterich

Fotografien: Michelle Galindo, Claudia Hehr, Martin Nicholas Kunz, außer: Roland Bauer (S. 38, 94–95, 98–101); Brooklyn Museum, Skulpturen von Auguste Rodin (S. 57); courtesy Balthazar (S. 68 m. u.); courtesy Bryant Park Hotel (S. 116–117); courtesy Chambers Hotel (S. 126–127); © Chesek / American Museum of Natural History (S. 42 l. u.); courtesy The Frick Collection (S. 46–47); courtesy Hotel Gansevoort (S.112–113); courtesy Hotel on Rivington, Fotografen Floto + Warner (S. 108 o., 109); courtesy Hotel (The Mercer) (S. 110 r. u.); courtesy The Lowell Hotel (S. 130 o. und m. u.); courtesy The Lowell Hotel, Fotografin Karin Kohlberg (S. 130 l. u. und r. u., 131); courtesy Lincoln Center for the Performing Arts (S. 40 u.); courtesy The Museum of Modern Art, designed by Yoshio Taniguchi. Night view of The Abby Aldrich Rockefeller Sculpture Garden and The David and Peggy Rockefeller Building. © 2005 Timothy Hursley (S. 39, 157 l.); courtesy Neue Galerie New York (S. 54 m. u.); courtesy Neue Galerie New York, Fotografin Claudia Hehr (S. 54 o., l. u. und r. u., 55); courtesy P.S.1 and artists, Fotografin Claudia Hehr: Ed McGowin, The Name Change Project, 1970–1972, Mixed media installation (S. 58 o.), Installation view of Ron Gorchov: *Double Trouble* (S. 58 l. u.), Ernesto Caivano, *Into the Woods*, 2004 (S. 58 r. u.), OBRA Architects, Jennifer Lee and Pablo Castro, 2006, Beatfuse (S. 59); courtesy VG Bild-Kunst, Bonn 2006, Künstler: Barnett Newman, Titel: *Broken Obelisk* (S. 38 r. u.); courtesy Whitney Museum of American Art, Architect: Marcel Breuer and Hamilton Smith (1963-1966), Photograph by Jerry L. Thompson, N.Y. (S. 48 u. r.); courtesy Whitney Museum of American Art, Kiki Smith: A Gathering, 1980–2005, Whitney Museum of American Art, November 16, 2006 – February 11, 2007, Installation shot, photograph by Sheldan C. Collins, (Artwork clockwise from center: *Yellow Moon*, 1998, Courtesy PaceWildenstein, *Dewbow*, 1999, Collection of the National Museum of Art, Osaka, Japan, *Iceman*, 1995, Collection Susan and Lewis Manilow, Chicago, *Head with Bird II*, 1994, Collection Vicki and Kent Logan; Fractional and promised gift to the San Francisco Museum of Modern Art, *Bandage Girl*, 2002, Collection Des Moines Art Center; Purchased with funds from the Coffin Fine Arts Trust; Nathan Emory Coffin Collection of the Des Moines Art Center, 2003.3, *White Mammals*, 1998-1999, Collection of the artist; Courtesy PaceWildenstein, New York (S. 48 u. r.); courtesy Whitney Museum of American Art, Kiki Smith, *Blue Girl*, 1998, Courtesy PaceWildenstein, New York, Photograph by Ellen Page Wilson (S. 48 o.); Gavin Jackson (S. 106–107, 108 r. u., 110 o., r. u. und m. u., 111, 114–115, 118–119, 128–129, 132–133)
Coverbild: Martin Nicholas Kunz

Inhalt und Produktion: fusion publishing GmbH, Stuttgart . Los Angeles
www.fusion-publishing.com

teNeues Publishing Group

teNeues Verlag GmbH + Co. KG
Am Selder 37, 47906 Kempen, Germany
Tel.: 0049 / (0)2152 / 916 0
Fax: 0049 / (0)2152 / 916 111
Presseabteilung: arehn@teneues.de

www.teneues.com

Redaktionsschluss der vorliegenden Ausgabe: 01.02.2007

Mit diesem Symbol weisen wir Sie auf ein paar ganz besondere Tipps der Redaktion von DIE WELT und WELT am SONNTAG hin.

Bibliografische Information Der Deutschen Bibliothek
Die Deutsche Bibliothek verzeichnet diese Publikation in der Deutschen Nationalbibliografie; detaillierte bibliografische Daten sind im Internet unter http://dnb.ddb.de abrufbar.

ISBN 978-3-8327-9185-8

Printed in Italy

Rechte Seite:
Empire State Building

„Wer einmal in New York gelebt hat, für den ist kein anderer Ort gut genug.“

Henry James

Sehenswürdigkeiten

Kultur: Museen, Galerien, Theater, Kinos

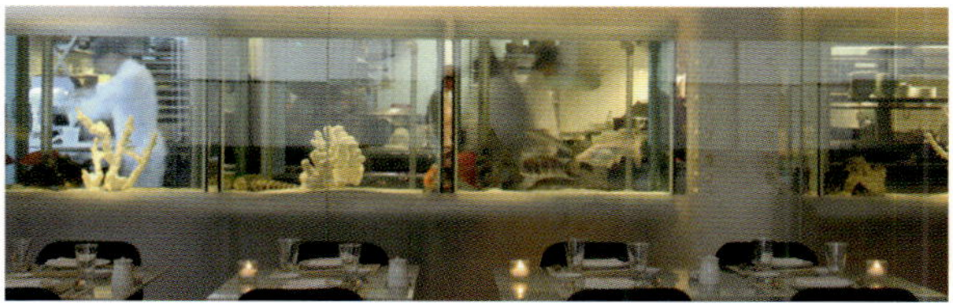

Gastronomie: Restaurants, Cafés, Bars, Clubs

Einkaufen

Hotels

Was noch?

Serviceteil

Sh
eraton

Linke Seite: Aussicht vom Top of The Rock, Rockefeller Center
Rechte Seite: links East Village, rechts Meatpacking District

Eine Bühne mit acht Millionen Hauptdarstellern

Neulich, beim Durchblättern der „New York Times", erlebte man einen dieser Momente, wie sie nur diese Stadt und ihre Bewohner produzieren können – diese großartigen, übergeschnappten, eingebildeten, getriebenen Radikalindividualisten, die an dies und das, vor allem aber an sich selbst glauben.

Die Seite 12 der Zeitung war fast ganz leer, nur eine kindliche Zeichnung von einer Kleinfamilie mit einem Luftballon war zu sehen und ein kurzer Text mit der Überschrift: „Vergebt uns". Der Text stammte von Yoko Ono und sie schrieb über den 8. Dezember 1980, den Tag, an dem ihr Ehemann John Lennon vor dem Dakota Building am Central Park von einem Attentäter erschossen wurde. „Als die Witwe von jemandem, der durch eine Gewalttat getötet wurde, weiß ich nicht, ob ich bereit bin, demjenigen zu verzeihen, der abgedrückt hat", gestand sie und machte zugleich aus ihrem persönlichen Trauma eine universelle Friedensbotschaft für alle Opfer von Gewalt: „Lasst uns die Wunden gemeinsam heilen."

Man muss schon ein großes Sendungsbewusstsein (sowie das nötige Vermögen) haben, um sich in der wichtigsten Zeitung der Welt eine Anzeigenseite zu kaufen und auf diese Weise zu entblößen, manche würden vielleicht auch sagen: zu entblöden. Andererseits: Könnte es einen besseren Platz dafür geben? Immerhin ist New York das wichtigste Theater der Welt. Mit einem unvergleichlichen Bühnenbild. Mit dem zugleich kritischsten und begeisterungsfähigsten Publikum. Und mit ca. 8,2 Millionen Hauptdarstellern.

Schlendern wir also mal los. Durch die Straßen und Parks, durch die Museen und Restaurants, auf ein paar Partys, zu denen man leichter Zutritt findet als irgendwo in der Welt. Auf der Madison Avenue, kurz vor dem Ralph-Lauren-Hauptquartier, schleicht Faye Dunaway entlang, der Kampf gegen das Alter ist irgendwie unentschieden ausgegangen. Beim Empfang im Guggenheim Museum steht Dustin Hoffman, eigentlich wird er immer kleiner, in der Schlange zum Buffet. Im Eingang von Mr. Chows verlässt Richard Gere in Begleitung von gleich zwei schönen Frauen das Etablissement, während im Separee der unverwüstliche Calvin Klein mit seinem Team speist. Und die Schauspielerin Chloë Sevigny steht ein bisschen trotzig bei jeder zweiten Vernissage in Chelsea herum, weil ihr Freund ein Künstler ist und Kunst ja sowieso fast so wichtig ist wie Essengehen in New York.

In den Aufzug eines Hauses in der 37th Street, in dem früher mal Andy Warhols Factory war, stolpert zu später Stunde der neue Bassist der New York Dolls, einer legendären Downtown-Band, die überraschend wieder eine Platte aufgenommen hat. In der gemütlichen Brasserie „Prune", ihre Besitzerin nennt man die „Patti Smith der Downtown-Gastronomie", steht am Sonntagabend der britische Fernsehkoch Jamie Oliver in der offenen Küche und hält seine Kollegen von der Arbeit ab. Durch ein Charity-Dinner im Museum of Modern Art rauscht der Ehrengast Sarah Jessica Parker, die Hauptdarstellerin in der TV-Serie „Sex and The City" und Mode-Ikone der späten 90er-Jahre, und wirkt zwischen ihren Bodyguards vor

Linke Seite: links Midtown Westside, rechts Rockefeller Center
Rechte Seite: Blick auf Downtown von Brooklyn

allem sehr klein. Im von Steak-Fritten-Duft durchwölkten Medientreff „Pastis" wartet die Schauspielerin Heather Graham am Tresen auf ihr „Date". Ihr Mund sieht ein wenig aus wie ein Entenschnabel. Es ist nicht ganz klar, ob er ein Geschenk der Natur ist oder sie einfach nur den gleichen Schönheitschirurgen besucht wie ungefähr fünf andere Frauen in diesem Raum.

Das kann einen schon atemlos machen, muss es aber nicht. Die Stars sind allgegenwärtig und damit selbstverständlich wie Dogsitter, Empire State Building und Starbucks-Filialen. Allerdings zu behaupten, die New Yorker interessierten sich nicht für die Berühmtheiten in ihrer Stadt, ist eine glatte Lüge. Sie verehren sie, zeichnen Stadtpläne mit ihren Wohnorten, registrieren genau, wer wo mit wem wie lange zu sehen war, wer sich welches Haus in TriBeCa, Williamsburg oder East Hampton gekauft hat. In dieser Verehrung liegt ein Stück Narzissmus. Jeder Star, der sich hier blicken lässt, bestärkt das Überlegenheitsgefühl der New Yorker, bestätigt ihren festen Glauben, dass das Leben hier zwar hart, aber anderswo eigentlich gar nicht denkbar ist. Derzeit würden sie zum Beispiel alle gern in Berlin wohnen: wegen der billigen Mieten, der jungen Underground-Kulturszene, der Nachtklubs, in denen Drogen und sogar Zigaretten konsumiert werden. Also wegen allem, wofür New York mal stand. Trotzdem verlässt eigentlich keiner die Stadt, der nicht muss.

Dabei hat sie seit einiger Zeit ein Imageproblem. Alle Klischees über New York sind wahr, sagt man. Aber bei welchem fängt man an, bei einer Stadt, die Klischees produziert, pflegt und damit angibt wie keine andere? Vielleicht bei dem derzeit populärsten: Zwei konservative und strenge Bürgermeister (Guiliani, Bloomberg) hintereinander und die Anschläge vom 11. September haben die Stadt sicher und sauber gemacht. Aber auch teuer, langweilig und steril. New York, so meint eigentlich jeder zu wissen, ist eine Art Disneyland geworden. Ein großer Vergnügungspark für Besserverdiener ohne die Härten und Kanten einer echten Stadt.

Komisch, dass gerade die Deutschen gern darauf hinweisen. Gemessen an unseren Standards gleicht New York, auch da, wo die Wohnungen teuer und die Bewohner jung und ehrgeizig sind, immer noch einer abstiegsgefährdeten Metropole mit problematischer Infrastruktur. Die Schlaglöcher in den Hauptverkehrsadern sind teilweise so groß und tief, dass man als Fahrradfahrer fürchtet darin zu verschwinden, Lebensmittelgeschäfte operieren unter hygienisch verheerenden Bedingungen, und die Hälfte der New Yorker Wohnhäuser würde in Deutschland vermutlich von der Bauaufsicht geschlossen. Die Kabel sind uralt und liegen zu chaotischen Wülsten geflochten über Putz, die Treppen sind viel zu steil, und viele Wände scheinen aus schallverstärkender Pappe gefertigt zu sein.

Doch zugegeben: Die meisten Taxifahrer beispielsweise sprechen inzwischen Englisch, manche finden sogar den Weg zu einer Adresse in Brooklyn. In der Verbrechensrate liegt die Stadt traditionell auf einem der hin-

LOUIS VUITTON

Rechte Seite: Louis Vuitton auf der Fifth Avenue
Linke Seite: links Financial District, rechts Times Square

teren Plätze in den USA. Geraucht wird fast nur auf der Straße, Alkohol getrunken aber nicht. Der Müll auf den Straßen ist weniger geworden, und man sieht nur manchmal eine Ratte. Wer damit schon die libertinäre Kultur des Abendlandes untergehen sieht, der hat vermutlich schon während des Augenscans bei der Einreise seine Lust verloren.

Als zwei der markantesten Beispiele für die „Gentrifizierung" (was ungefähr Verbürgerlichung heißt) gelten die Piers am Hudson River und der Times Square. Die Piers, das war in den 70er-Jahren einer der lasterhaftesten Orte der westlichen Hemisphäre. Hier warteten Prostituierte jeglichen Geschlechts auf ihre Kunden, hier trieben sich in den zerfallenden Lagerhäusern jede Nacht Hunderte von Homosexuellen auf der Suche nach Blitzsex herum. Heute sind die Piers komplett abgerissen, die Uferpromenade ist hübsch restauriert. An sonnigen Tagen, also sehr oft, sind die New Yorker hier beim Sport zu beobachten: Beim Joggen, beim Rollerbladen, beim Fahrradfahren, beim Trapeztraining, und in dem Fitnesskomplex Chelsea Piers üben sie das Abschlagen von Golfbällen in Richtung New Jersey. Was nur eine der kleinen Gesten der Verachtung ist für jene, die sich kein Apartment in Manhattan leisten können und deswegen „Bridge and Tunnel"-People heißen. Ein neidischer Blick auf die Hinternmuskulatur einer vorbeijoggenden Art Direktorin ist das Maximum an Sex, was hier zu holen ist. Ebenso am Times Square, jener Kreuzung, an der im spitzen Winkel Broadway und Seventh Avenue aufeinandertreffen. Früher waren in den Seitenstraßen Strip- und Sexlokale zu finden. Heute sind nur noch die Theater übrig, mit ihren in europäischen Augen seltsam kindischen Inszenierungen, den gelegentlich Gastspiele gebenden Hollywoodstars, den marktschreierischen Plakaten und den Rund-um-die-Uhr-Spielplänen. Hier sind kaum kulturelle Höhepunkte zu erwarten, und schon gar keine subkulturellen Abgründe. Der Times Square selbst allerdings, mal bei Nacht betrachtet, bietet eines der eindrucksvollsten architektonischen Schauspiele. Die Licht-, Laser- und Projektionstechnik ist mittlerweile so weit vorangeschritten, dass die Gebäude selbst sich verflüchtigen. Die Materie scheint sich aufzulösen, die Welt ist ein einziges, tausendfach variiertes bewegtes Bild. Dies mag nun weniger zwielichtig sein als käuflicher Sex. Aber es sieht moderner aus.

Zwei Dinge sind es, die diese Stadt so erregend und liebenswert machen: Sie ist in ihrem Fortschrittsglauben doch ungeheuer nostalgisch. Und sie ist ebenso vertraut wie ständig überraschend. Ob es die alten Textilfabriken in SoHo sind, die großen Brücken nach Brooklyn oder Meilensteine wie Chrysler Building und Empire State Building: Die relativ junge Geschichte dieser Stadt – die niederländischen Siedler handelten den Ureinwohnern die Halbinsel Manhattan im Jahre 1626 ab – wird

Linke Seite: Shopping in SoHo
Rechte Seite: Blick auf den Central Park

gepflegt. Hier haben nie Kriege gewütet, sondern immer nur die Bewohner der Stadt selbst, die auf engem Raum zwar immer höher hinaus wollten, aber in eigener Angelegenheit erstaunlich sentimental sind. Wenn ein altes Luxushotel in Wohnungen umgebaut wird, wenn ein prachtvolles Kino aus den Anfangstagen des Mediums endgültig zu zerbröckeln droht, wenn eine schmuddelige Kneipe schließt, auf deren Bühne zugegebenermaßen die wichtigsten Bands der 80er-Jahre ihre ersten Versuche machten, dann wird das mit großer Hingabe und Ausdauer diskutiert.

Da New York vermutlich die am häufigsten in Filmen und auf Fotos festgehaltene Stadt ist, erlebt selbst der Besucher, der zum ersten Mal über den Long Island Expressway fährt und auf einmal zum ersten Mal diesen erschütternden Blick auf die Skyline wirft, ein nicht abreißendes Déja-vu. Er hat alle Details schon mal gesehen: „Katz's Delicatessen" in „Harry und Sally", Chinatown in „Der Pate II", die „Magnolia Bakery" in „Sex and The City". Alles sieht genauso aus wie im Fernsehen, auf der Kinoleinwand, im Bildband. Und trotzdem muss man immer wieder raus auf die Straße und will es selbst sehen. Der Zauber New Yorks ist auch ein Triumph der Wirklichkeit über die Simulation.

Ein paar Monate vor ihrem Appell in der „New York Times" saß Yoko Ono bei einer Modeschau im Cipriani Ballroom, einer ehemaligen Bank, in der ersten Reihe und sah sich an, wie Yohji Yamamoto Sportkleidung neu erfindet. Sie trug eine Brille mit smaragdgrünen Gläsern. Die 74-jährige ist wie ihre Heimatstadt New York (denn wo jemand geboren wurde, ist hier irgendwann egal): nicht totzukriegen.

Adriano Sack

Der Autor machte 1993 ein Praktikum bei der New Yorker Stadtzeitschrift „Paper". Später hat er bei „Die Woche", „kulturSpiegel" und als Kulturressortleiter der „WELT am SONNTAG" gearbeitet, Zeitschriften und Fernsehserien entwickelt, sowie drei Bücher geschrieben. Er lebt seit 2006 in New York.

Sehenswürdigkeiten

Sehenswertes gibt es in New York in solcher Fülle, dass sich unweigerlich die Frage stellt: Wo anfangen? Unser Tipp: Legen Sie in etwa eine Strecke fest, beispielsweise vom Central Park bis zur Südspitze Manhattans, und lassen Sie sich einfach treiben. Zum Beispiel den Broadway hinunter, mit Abstechern in die Seitenstraßen und die großen, parallel verlaufenden Avenuen. Auf diese Weise werden Sie immer wieder Entdeckungen machen – ein beeindruckendes Gebäude, einen hübschen Park, ein verstecktes Geschäft. Natürlich gibt es einige „Musts": Ground Zero zählt hierzu, die berühmten Museen, die Freiheitsstatue, Brooklyn Bridge und das Viertel Brooklyn selbst, Grand Central Station und die Hafengegend, in der einst die Geschichte der Stadt begann. Der Times Square lohnt zu jeder Tageszeit einen Besuch, das Erlebnis einer Stadt in der Stadt bietet das Rockefeller Center, auch Harlem nördlich des Central Parks ist eine Stippvisite wert, jenes Quartier, dass sich vom Problemviertel zum Mittelpunkt afroamerikanischer Kultur in New York gemausert hat. Nicht zu vergessen schließlich Staten Island, von wo aus man einen perfekten Blick auf die Skyline Manhattans hat, und Coney Island – jener Ort, wo New York den Atlantik küsst.

Linke Seite: Chrysler Building
Rechte Seite: links Times Square, rechts Saint Patrick's Cathedral

STOCK

Linke Seite: inks oben City Hall, rechts oben Wall Street, New York Stock Exchange, unten UN-Hauptquartier
Rechte Seite: oben Ellis Island, unten Blick auf Hearst Headquarters von Top of the Rock, Rockefeller Center

Freiheitsstatue

Liberty Island
New York, NY 10004
Telefon: +1 / 212 / 3 63 32 00
www.nps.gov/stli

Öffnungszeiten: täglich 9.30 bis 17.00 Uhr, in Ferienzeiten bis 20.30 Uhr
Eintrittspreise: Fähre Erwachsene 11,50 $, Kinder (4–12) 4,50 $, Senioren 9,50 $; Statue nur mit „Time Pass", kostenlos auf Fähre oder online erhältlich
Haltestelle: 1 South Ferry; R, W Whitehall Street; Fähre Battery Park
Stadtplan: Nr. 21

WELT-Tipp: Ersparen Sie sich Gedränge. Nehmen Sie das Schiff nach Ellis Island oder die Staten Island Ferry und genießen Sie den Blick vom Wasser aus.

„Miss Liberty", ehemals selbst aus Frankreich immigriert, begrüßt noch heute Einwanderer und Touristen im Hafen von New York. Sie war ein Geschenk der Französischen Republik und sollte ursprünglich zum 100. Jahrestag der amerikanischen Unabhängigkeitserklärung 1876 überbracht werden. Verzögerungen führten jedoch dazu, dass die 225 t schwere, mit Kupfer überzogene Skulptur erst acht Jahre später in ihre Einzelteile zerlegt nach Amerika verschifft wurde. Gustave Eiffel, der Erbauer des Eiffelturms in Paris, konstruierte das tragende Stahlgerüst der Statue. Der massive, klassizistische Sockel wurde mit Hilfe aufwendiger Spendenaktionen von den USA finanziert. Die beeindruckende, 46 m hohe Statue symbolisiert für viele bis heute die Hoffnung auf ein besseres Leben.

World Trade Center Site / Ground Zero

West Street Highway / Liberty Street / Church Street / Vesey Street
Midtown
www.wtcsitememorial.org

Öffnungszeiten: Nur über Führungen zugänglich. Ausstellung und Führungen können gebucht werden unter: www.tributenyc.org
Haltestelle: A, C Chambers Street-WTC; E World Trade Center
Stadtplan: Nr. 54

WELT-Tipp: Feuerwehrleute, Überlebende und Angehörige von Opfern führen täglich die Tribute Center Walking Tour. Start: Tribute Center, 120 Liberty Street. Reservierung: www.telecharge.com unter „other events".

Wo ehemals das World Trade Center in den Himmel ragte, erinnert noch immer eine große Grube an die Terroranschläge des 11. September 2001. Eine Führung geht zum „Fußabdruck" des ehemaligen Nordturmes. Daniel Libeskind überzeugte mit seiner Idee des Freedom Tower, der mit einer Höhe von 1 776 ft, etwa 540 m, das Jahr der amerikanischen Unabhängigkeitserklärung symbolisiert. Der konkrete Entwurf für den Bau stammt jedoch von David Childs, der zum Team des Architekturbüros Skidmore, Owings & Merrill (SOM) gehört. Die Grundsteinlegung war am 4. Juli 2004, wobei ein 20 t schwerer Granitblock im Boden versenkt wurde, dessen Inschrift den Opfern des Anschlags gewidmet ist. Dem Spanier Santiago Calatrava obliegt derweil die Realisierung eines unterirdischen, lichtdurchfluteten U-Bahnhofs.

NYC
NO STANDING
ANYTIME

Brooklyn Bridge

East River
Lower East Side / Brooklyn

Haltestelle: 4, 5, 6, J, M, Z Brooklyn Bridge-City Hall; A, C High Street
Stadtplan: Nr. 6

WELT-Tipp: Am schönsten ist der Spaziergang auf Manhattan zu: Dafür mit der Subway-Linie A oder C bis zur High Street Station fahren.

Eine Brücke, die mit ihren knapp 2 km Länge Architekturgeschichte schrieb. Der aus Deutschland eingewanderte Ingenieur John Augustus Roebling entwickelte eine Konstruktion, die den Bau von Hängebrücken revolutionierte. 1869 begann er mit den Arbeiten an der Brücke, welche den East River überspannt und den Stadtteil Brooklyn mit Manhattan verbindet. Roebling selber erlebte die Fertigstellung nicht mehr und sein Sohn Washington, der die Bauarbeiten übernahm, erkrankte während dieser schwer. Es war dessen Frau Emily Warren Roebling, die als stellvertretende leitende Ingenieurin die Arbeiten vorantrieb. Bei der Eröffnung am 24. Mai 1883 bewiesen 21 Zirkuselefanten die Tragfähigkeit der Brücke. Heute passieren Autos auf sechs Fahrbahnen das Wahrzeichen von New York. Oberhalb der Fahrbahn führt ein Fuß- und Fahrradweg über den East River, von dem aus Sie eine beeindruckende Sicht auf die Skyline der Stadt gewinnen.

Grand Central Terminal

15 Vanderbilt Avenue, Hall 2A
New York, NY 10017
Midtown
Telefon: +1 / 212 / 3 40 23 45
www.grandcentralterminal.com

Öffnungszeiten: 5.30 bis 1.30 Uhr, Geschäfte Mo–Fr 8.00 bis 20.00, Sa 10.00 bis 20.00, So 11.00 bis 18.00 Uhr
Eintrittspreise: freier Zugang, Führungen pro Person 5 $
Haltestelle: 4, 5, 6, 7, S-Bahnen 42 Street-Grand Central
Stadtplan: Nr. 23

Der Grand Central Terminal ist mit seinen 44 Bahnsteigen der größte Bahnhof New Yorks. Nirgendwo kann der Reisende sein Ticket stilvoller erwerben als an einem der marmornen Schalter des 1913 eingeweihten Gebäudes. Die Haupthalle ist größer als jedes Kirchenschiff, von den Decken hängen mächtige, prachtvolle Leuchter herab, und gusseiserne, hohe Fensterfronten lassen das Tageslicht herein. Neben noblen Restaurants wie der bekannten „Oyster Bar" und zahlreichen weiteren Plätzen, an denen sich legerer speisen lässt, lassen rund 50 Geschäfte den Besuch des imposanten Gebäudes zu einem wahren Erlebnis werden. Zudem werden die Hallen regelmäßig als Event- und Ausstellungsort genutzt. Fast hätte das Gebäude 1968 einem Hochhaus weichen müssen, doch vor allem Jacqueline Kennedys Initiative ist es zu verdanken, dass der wunderschöne Bahnhof erhalten blieb.

STOP
HERE ON
RED
SIGNAL
Park Ave
AEROSOLES

Times Square

42nd Street / Broadway
Midtown
www.timessquare.com

Attraktionen: Broadway und Off Broadway Theater, große Flagship-Stores vieler Unternehmen und leuchtende Reklameschilder und -videos.
Haltestelle: 1, 2, 3, A, C, E, N, R, S, W, Q 42 Street-Times Square
Stadtplan: Nr. 51

WELT-Tipp: Restkarten für Broadway-Shows am selben Tag gibt es an den TKTS-Buden bis zu 50 % günstiger (Broadway, Ecke 47th Street).

Die bekannteste Kreuzung New Yorks wurde 1904 nach der „New York Times" umbenannt, die dort ihren Verlagssitz hatte. Seit Ende des 19. Jahrhunderts bildet der Times Square mit seinen zahlreichen Theatern, Musicalbühnen, Shops, Restaurants, Erotikläden, Kinos und Hotels den Mittelpunkt des New Yorker Vergnügungsviertels und zählt zu den großen Touristenattraktionen der Stadt. Turmhoch flackern die Neonreklamen, Stretchlimousinen passieren hier im Minutentakt, Vergnügungssüchtige, Straßenmusiker und fliegende Händler prägen das Bild.
Die Gegend ist Zentrum des Musikgeschäftes, viele Plattenfirmen haben sich hier niedergelassen. Während die Umgebung nach dem Börsenkrach von 1929 vor allem durch Prostitution und Kriminalität von sich reden machte, ist der heutige Platz das Ergebnis einer umfassenden „Säuberung" des Viertels in den 80er-Jahren, als dessen erster Erfolg die Eröffnung des „Marriot Marquis"-Hotels 1985 gilt.

100,000 MILE
WARRANTY
5-YEAR POWERTRAIN
SHERWOOD
Budweiser
SHERWOOD
Panasonic
VACANCY
YAHOO!
DEPT

Top of the Rock Observation Deck Rockefeller Center

30 Rockefeller Plaza
New York, NY 10112
Midtown
Telefon: +1 / 212 / 6 98 20 00
www.topoftherocknyc.com

Öffnungszeiten: täglich 8.00 bis 24.00 Uhr, letzter Aufzug 23.00 Uhr
Eintrittspreise: Erwachsene 17,50 $, Kinder (6–12 Jahre) 11,25 $, Senioren ab 62 Jahre 16 $, Reservierung empfohlen
Haltestelle: B, D, F, V 47–50 Street-Rockefeller Center
Stadtplan: Nr. 52

Eine eigene kleine Stadt in der Stadt zwischen 48th und 51st Street, Fifth Avenue und Avenue of the Americas. Um den größten privaten Geschäfts- und Unterhaltungskomplex der Welt verwirklichen zu können, ließ der Ölmilliardär John D. Rockefeller Jr. ein riesiges Areal freiräumen, 228 Häuser mussten dem Großprojekt weichen. Von 1931 bis 1940 wurden dann die ersten 12 Wolkenkratzer im Art-déco-Stil hochgezogen, heute besteht der Komplex aus 21 Hochhäusern. In den 70 Geschossen des General Electric Building, dem bekanntesten Gebäude des Komplexes, finden sich das legendäre Restaurant „Rainbow Room“ und die 2005 wiedereröffnete Aussichtsplattform Top of the Rock Observation Deck. Auf der Lower Plaza, der Freifläche vor dem imposanten Bau, wird winters Eis gelaufen, sommers Kaffee getrunken und das ganze Jahr über musiziert. Im Dezember ragt hier New Yorks größter Weihnachtsbaum empor.

Oberes Bild: photo_caption_above
Unteres Bild: photo_caption_below
Linke Seite: photo_caption_left
Rechte Seite: photo_caption_right

Kultur
Museen Galerien Theater Kinos

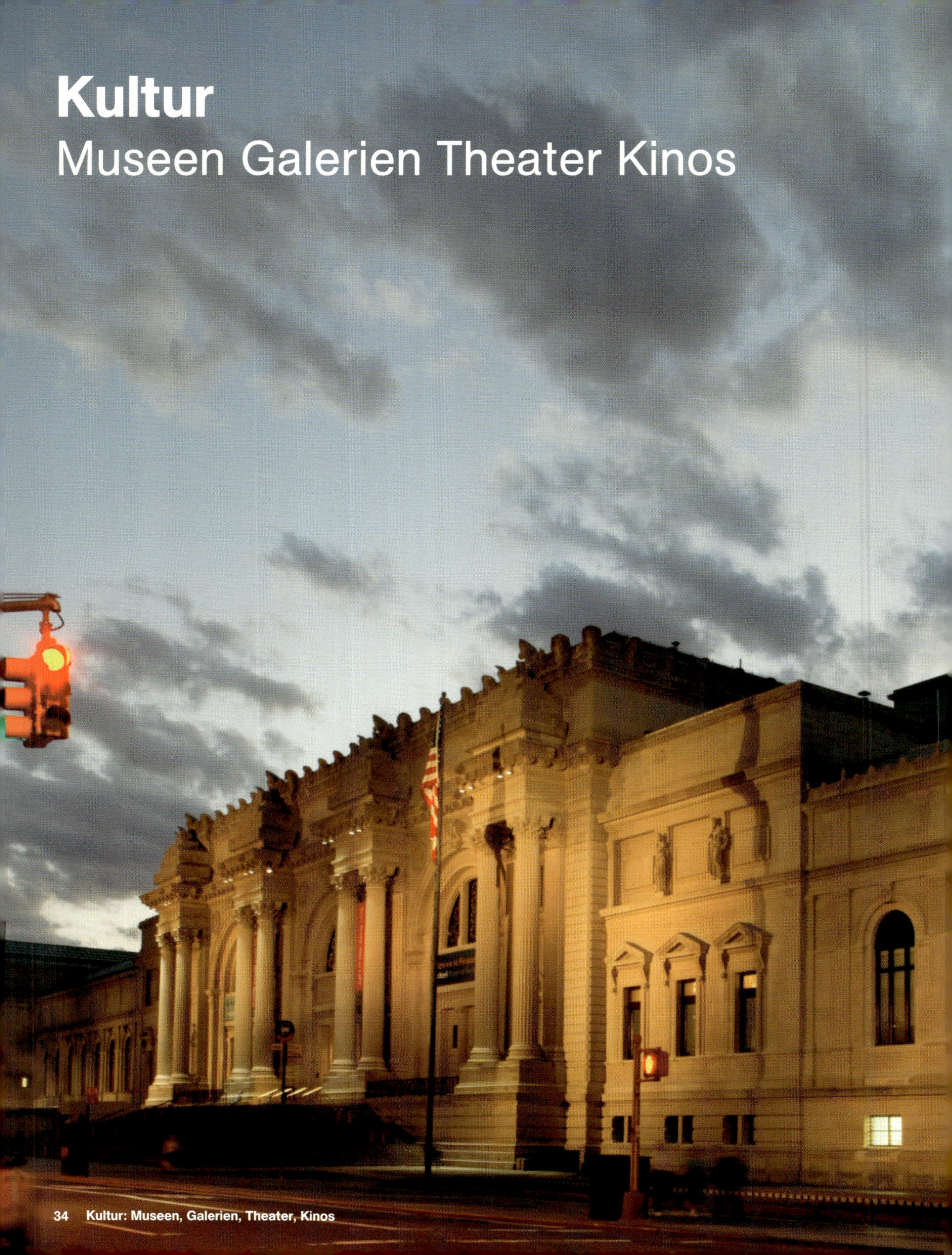

Würde man sämtliche in der Stadt ausgestellten und in Depots verwahrten Kunstschätze in Gold aufwiegen, New York wäre die reichste Stadt der Welt. Allein in Manhattan gibt es mehr als 60 Museen, dazu Galerien, Kulturzentren, Künstlerhäuser sowie Kunstobjekte in Kirchen, Parks und Verkaufsräumen. Das Kulturangebot ist unüberschaubar, daher muss der Besucher Schwerpunkte setzen – es ist für jeden Geschmack etwas dabei. Das Markenzeichen der Kulturszene ist ihre Dynamik. Sie ist umtriebig, drängend und ehrgeizig. „What's new? What's hot?" sind die meistgestellten Fragen. Nirgendwo in den Vereinigten Staaten leben so viele Künstler, junge Talente und Kreative, Galeristen und Sammler. Nirgendwo wird so viel Geld für Kunst und Kultur ausgegeben. Kunstliebhaber flanieren durch den Stadtteil Chelsea mit seinen vielen Galerien, historisch Interessierte finden anspruchsvolle Museen vor allem rund um den Central Park, Musikliebhaber kommen in hochwertig ausgestatteten Konzertsälen und bei Freiluftveranstaltungen auf ihre Kosten. Hochkultur und alternative Kunst bestehen friedlich nebeneinander, jede Bevölkerungsgruppe zeigt ihre Besonderheit, alle Religionen und Lebensanschauungen sind hier vertreten.

Linke Seite: Metropolitan Museum of Art
Rechte Seite: links Chelsea Galleries, rechts Brooklyn Museum

The Skyscraper Museum

39 Battery Place
New York, NY 10280
Battery Park City
Telefon: +1 / 212 / 9 68 19 61
www.skyscraper.org

Öffnungszeiten: Mi–So 12.00 bis 18.00 Uhr
Eintrittspreise: Erwachsene 5 $, Kinder, Studenten, Senioren 2,50 $
Haltestelle: 1 South Ferry; R, W Whitehall Street; 4, 5 Bowling Green; J, M, Z Broad Street
Stadtplan: Nr. 46

Amerika hat das Hochhaus erfunden. Einer der Ersten, der mit ihnen an den Wolken kratzte, war Louis Sullivan. Auf die Frage, was das Besondere des Hochhauses sei, ließ er sich jedoch nur die lakonische Antwort entlocken: „Es ist hoch". Doch einmal für gut befunden, war das Wolkenkratzer-Wettrennen nicht mehr zu stoppen. Immer mehr atemberaubende Bauten erhoben sich in New York gen Himmel. Architekten und Ingenieure verwandelten die Stadt in ein architektonisches Gebirge: kraftstrotzend, sturmfest, von schimmernder, bisweilen kühler Eleganz. The Skyscraper Museum in Battery Park City dokumentiert diese Entwicklung und zeigt die verschiedenen Konstruktionen von Wolkenkratzern. Die Architekten des Museums Skidmore, Owings & Merrill, kurz SOM genannt, sind selbst Spezialisten für die hohen Türme.

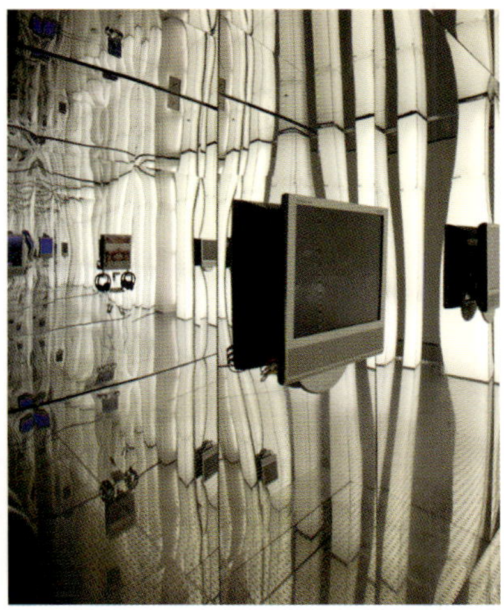

The Museum of Modern Art / MoMA

11 West 53 Street
New York, NY 10019
Midtown
Telefon: +1 / 212 / 7 08 94 00
www.moma.org

Öffnungszeiten: Mi+Do und Sa–Mo 10.30 bis 17.30, Fr 10.30 bis 20.00 Uhr, Di geschlossen
Eintrittspreise: 20 $, Studenten 12 $, Senioren ab 65 Jahre 16 $, Kinder bis 16 Jahre frei
Haltestelle: E, V Fifth Avenue-53 Street; B, D, F 47–50 Streets-Rockefeller Center
Stadtplan: Nr. 38

Das MoMA mit seiner Sammlung moderner Kunst ist legendär. Seit dem Umbau des 1929 eröffneten Museums im Jahre 2004 durch den japanischen Architekten Yoshio Taniguchi hat sich die Ausstellungsfläche beinahe verdoppelt. Es zeigt abwechselnd 150 000 Exponate aus Kunst, Fotografie, Architektur und Design. Neben Pablo Picasso, Henri Matisse, Joseph Beuys und Jackson Pollock, Vertretern des Impressionismus, Konstruktivisten, Minimalisten und Pop-Art-Künstlern präsentiert eine Etage auch Werke der zeitgenössischen Kunst. Ein Kunstensemble ist das Gebäude zwischen der 53. und 54. Straße selbst. Das 33 m hohe Atrium verschlägt dem Eintretenden den Atem. Eine Architektur, die der Schriftsteller John Updike als „unsichtbare Kathedrale" bezeichnete – der globalen modernen Spitzenkunst geweiht.

Lincoln Center for the Performing Arts

140 West 65th Street
New York, NY 10023
Lincoln Square
Telefon: +1 / 212 / 8 75 54 56
www.lincolncenter.org

Öffnungszeiten: je nach Einrichtung
Eintrittspreise: je nach Veranstaltung
Haltestelle: 1 66 Street-Lincoln Center; 1, A, B, C, D 59 Street-Columbus Circle
Stadtplan: Nr. 31

Mitte des 20. Jahrhunderts entstand zwischen der Columbus und der Amsterdam Avenue das größte Kulturzentrum der Welt mit sieben Konzerthallen und Theatern, die bis zu 15 000 Zuschauern Platz bieten. Es war das erste Projekt dieser Art in den USA. 1961 wurden in dem damals noch slumartigen Viertel Szenen der „West Side Story" gedreht, doch 188 baufällige Häuser auf dem Gelände mussten dem Großprojekt weichen. Der Masterplan und die Metropolitan Opera stammen von Wallace Harrison, die Avery Fisher Hall als Sitz der New Yorker Philharmoniker ist ein Werk von Max Abramovitz, das New York State Theater von Philip Johnson und Richard Foster beherbergt die New York City Opera und das New York City Ballet. Alle drei Gebäude gruppieren sich um einen großen Platz.

蝶々夫人

American Museum of Natural History

Central Park West / 79th Street
New York, NY 10024
Upper West Side
Telefon: +1 / 212 / 7 69 51 00
www.amnh.org

Öffnungszeiten: täglich 10.00 bis 17.45 Uhr
Eintrittspreise: 14 $, Senioren, Studenten 11 $, Kinder bis 12 Jahre 8 $
Haltestelle: B, C 81 Street-Museum of Natural History; 1 79 Street-Broadway
Stadtplan: Nr. 2

Das 1869 gegründete Museum gehört zu den ältesten der Stadt und zählt mit über 35 Millionen Exponaten zu den drei größten Naturkundemuseen der Welt. Die Sammlung des monumentalen Baus am Central Park widmet sich der Biologie von Mensch und Tier im Allgemeinen und legt zudem einen besonderen Fokus auf das Leben der amerikanischen Urvölker sowie die amerikanische Flora und Fauna. Das „Hayden Planetarium", Teil des „New Rose Center for Earth and Space", ist eines der spektakulärsten Bauwerke der Stadt. Das Imax-Kino hat eine der größten Leinwände in New York, während Sie im Space-Theater im Rose-Center auf eine 23-minütige Reise durch die Milchstraße mitgenommen werden. Im „Big Bang Theater" können Sie auf einem Glasfußboden stehend beim inszenierten Sonnenaufgang die Entstehung des Universums verfolgen.

The Frick Collection

1 East 70th Street
New York, NY 10021
Upper East Side
Telefon: +1 / 212 / 2 88 07 00
www.frick.org

Öffnungszeiten: Di–Sa 10.00 bis 18.00, So 11.00 bis 17.00 Uhr, Mo geschlossen
Eintrittspreise: 15 $, Senioren über 62 Jahre 10 $, Studenten 5 $, So 11.00 bis 13.00 Uhr nach eigenem Ermessen
Haltestelle: 6 68 Street-Hunter College
Stadtplan: Nr. 22

In Amerika wurden Stahlmagnaten einst so reich, dass sie im großen Stil Kunst sammeln konnten. Henry Clay Frick (1849–1919) zählt zu den bedeutendsten Kunstsammlern der USA. Er hatte sich auf Malerei des 14. bis 19. Jahrhunderts kapriziert, erwarb unter anderem Gemälde von Rembrandt van Rijn, Hans Holbein d. J., Diego Velázquez, Jan Vermeer, Pierre-Auguste Renoir, El Greco, Francisco de Goya und William Turner. Außerdem sammelte er kostbare Möbel aus den Epochen Louis XV. und Louis XVI. sowie wertvolles Porzellan. Da Frick befürchtete, die Luftverschmutzung in seiner Heimatstadt Pittsburgh könnte den Kunstwerken schaden und er zudem seinen Lebensabend in New York verbringen wollte, ließ er ein Stadtpalais an der Fifth Avenue errichten. Seit 1935 wird dieses Gebäude als Museum genutzt. Eine Oase der Ruhe ist der beschauliche, überdachte Hof mit Brunnen, Steinbänken und ionischen Säulen.

Whitney Museum of American Art

945 Madison Avenue
New York, NY 10021
Upper East Side
Telefon: +1 / 212 / 5 70 36 76
www.whitney.org

Öffnungszeiten: Mi+Do, Sa+So 11.00 bis 18.00, Fr 13.00 bis 21.00 Uhr, Mo+Di geschlossen
Eintrittspreise: Erwachsene 15 $, Studenten, Senioren ab 62 Jahren 10 $, Fr 18.00 bis 21.00 Uhr Eintrittspreise nach eigenem Ermessen
Haltestelle: 6 77 Street
Stadtplan: Nr. 53

Die amerikanische Kunst des 20. Jahrhunderts hat inzwischen längst den Globus erobert, ihre Ikonen sind auf Kunstpostkarten, Plakaten und Kalendern omnipräsent. Die Kunstmäzenin Gertrude Vanderbilt Whitney hatte es sich zur Aufgabe gemacht, der amerikanischen Kunst eine Plattform zu bieten, als diese noch weitgehend unbeachtet war. 1931 gründete sie ein Studiomuseum, dessen Grundstock ihre private Sammlung bildete. Der Bauhausschüler Marcel Breuer und Hamilton P. Smith entwarfen in den 60er-Jahren den heutigen, minimalistisch-kühlen schiefergrauen Granitkubus an der Madison Avenue. Das Museum besitzt eine der bedeutendsten Sammlungen zeitgenössischer amerikanischer Kunst, darunter Werke von Georgia O'Keeffe, Andy Warhol, Edward Hopper, Jasper Johns, Roy Lichtenstein und Claes Oldenburg. Jedes zweite Jahr wird im Mai die Whitney Biennial of American Art ausgerichtet.

WHITNEY MUSEUM STORE

The Metropolitan Museum of Art

1000 Fifth Avenue / 82nd Street
New York, NY 10028
Upper East Side
Telefon: +1 / 212 / 5 35 77 10
www.metmuseum.org

Öffnungszeiten: Di–Do 9.30 bis 17.30, Fr+Sa 9.30 bis 21.00, So bis 17.30 Uhr, Mo geschlossen
Eintrittspreise: 20 $, Studenten, Senioren ab 65 Jahren 10 $, unter 12 Jahren frei
Haltestelle: 4, 5, 6 86 Street-Lexington Avenue; B, C 86 Street-Central Park West
Stadtplan: Nr. 36

WELT-Tipp: Mit der Eintrittskarte können Sie am selben Tag „The Cloisters" im Norden Manhattans besuchen.

Das Metropolitan Museum, kurz Met genannt, zählt zu den bedeutendsten Kunstmuseen der Welt. 1870 gegründet, stammt der heutige Hauptbau mit seiner imposanten Sandsteinfassade aus den Jahren 1879 bis 1898. Mit über zwei Millionen Exponaten besitzt das Museum weitaus mehr Werke, als es in den rund 300 Ausstellungsräumen präsentieren kann. Die Dauerausstellung wird zudem regelmäßig durch Sonderausstellungen ergänzt, die sich einem bestimmten Künstler oder einer Epoche widmen. Die 20 Abteilungen zeigen unter anderem europäische und amerikanische Kunst, es gibt einen ägyptischen Flügel, eine asiatische Abteilung, und auch Fotografie und Kostüme sind ausgestellt.

AIR

Florence and Herbert Irving Galleries
The Arts of South and Southeast Asia

Neue Galerie New York

1048 Fifth Avenue
New York, NY 10028
Upper East Side
Telefon: +1 / 212 / 6 28 62 00
www.neuegalerie.org

Öffnungszeiten: Mo, Do, Sa+So 11.00 bis 18.00, Fr bis 21.00 Uhr, Di+Mi geschlossen
Eintrittspreise: 15 $, Studenten, Senioren 10 $, nicht für Kinder unter 12 Jahren
Haltestelle: 4, 5, 6 86 Street-Lexington Avenue; B, C 86 Street-Central Park West
Stadtplan: Nr. 39

WELT-Tipp: Das mit 135 Millionen $ teuerste Gemälde der Welt ist hier zu sehen – Adele Bloch-Bauer I von Gustav Klimt.

Ein wunderschönes Stadtpalais aus dem Jahre 1914 beherbergt die Neue Galerie, die sich der deutschen und österreichischen Kunst widmet. Das erste Geschoss führt die Beziehung zwischen der Bildenden und der Angewandten Kunst des Wiener Kunstschaffens um 1900 vor Augen. Berühmte vertretene Künstler sind Gustav Klimt, Oskar Kokoschka, Josef Hoffmann und Otto Wagner. Auf der zweiten Etage erwarten den Besucher deutsche Werke aus der ersten Hälfte des 20. Jahrhunderts. Hier finden Sie beispielsweise Arbeiten der Künstlergruppierungen „Der Blaue Reiter" und „Die Brücke" sowie von Vertretern der Bauhaus-Schule. Realisiert wurde die Neue Galerie von dem Kunsthändler Serge Sabarsky und dem Geschäftsmann und Mäzen Ronald S. Lauder, die eine enge Freundschaft verband. Im angekoppelten „Café Sabarsky" können Sie zudem wie in einem Wiener Kaffeehaus einen Großen Braunen oder eine Jause bestellen.

GUSTAV KLIMT
FIVE PAINTINGS FROM THE COLLECTION
OF FERDINAND AND ADELE BLOCH-BAUER
EXIT

Brooklyn Museum

200 Eastern Parkway
Brooklyn, New York 11238
Telefon: +1 / 718 / 6 38 50 00
www.brooklynmuseum.org

Öffnungszeiten: Mi–Fr 10.00 bis 17.00, Sa+So 11.00 bis 18.00 Uhr, Mo+Di geschlossen, 1. Sa im Monat bis 23.00 Uhr
Eintrittspreise: 8 $, Studenten, Senioren ab 65 Jahren 4 $, Kinder unter 12 Jahren frei
Haltestelle: 2, 3 Eastern Parkway-Brooklyn Museum
Stadtplan: Nr. 7

Das Brooklyn Museum setzt auf Zeitgeist und profiliert sich mit kontroversen Schauen zu experimentellen Formen zeitgenössischen Kunstschaffens. Das Museum residiert in einem Gebäude von 1897 und besitzt eine der größten Kunstsammlungen der USA. Die ägyptische Sammlung ist berühmt und zählt mit denen in Kairo und London zu den bedeutendsten weltweit, die präkolumbianische Sammlung erschließt eine unbekannte Welt. In der Galerie American Identities hängen Meisterwerke der US-Kunst, etwa „Brooklyn Bridge“ von Georgia O’Keeffe, die Period Rooms zeigen Wohn- und Esszimmer aus New England aus den Jahren 1675 bis 1830. Außerdem gibt es 58 Skulpturen von Auguste Rodin und einen Sculpture Garden mit Architekturdetails.

P.S.1 Contemporary Art Center

22–25 Jackson Avenue
Long Island City, NY 11101
Queens
Telefon: +1 / 718 / 7 84 20 84
www.ps1.org

Öffnungszeiten: Do–Mo 12.00 bis 18.00 Uhr
Eintrittspreise: Erwachsene 5 $, Studenten, Senioren 2 $
Haltestelle: E, V 23 Street-Ely Avenue; 7 45 Road-Court Square; G 21 Street-Van Alst
Stadtplan: Nr. 42

Der Stadtteil Queens gilt gemeinhin als Schlafstadt. Doch 2,6 Millionen Einwohner aus über 100 Nationen wollen nicht nur in die Kissen schauen. Als pfiffige Kuratoren in den 90er-Jahren eine ehemalige Grundschule in ein Kunstzentrum umwandelten, war das Erstaunen groß. Das P.S.1 (abgeleitet von Public School 1) war von Beginn an eine Erfolgsgeschichte. Der gesamte Komplex ist vom Garten bis zur Dachterrasse mit Kunstwerken ausgestattet, der Museumsshop gilt unter Kunstfans als lukrative Fundgrube. Abgerundet wird das Ausstellungsprogramm durch allerlei Warm-up-Veranstaltungen am Wochenende, bei denen DJs auflegen und kulinarische Spezialitäten unterschiedlicher Bevölkerungsgruppen angeboten werden. Da bleibt so mancher schlaflos in Queens.

Gastronomie

Restaurants Cafés Bars Clubs

In New York sind alle Küchen der Welt vertreten, jeder neue Gastrotrend ist hier zu finden. Sie bräuchten Jahre, um sich durch das Angebot zu kosten, und jeden Tag kommt etwas Neues hinzu. Besonders Manhattan ist eine einzige kulinarische Fusionswerkstatt, in der alles ausprobiert und gemixt wird. Die Gastroszene stellt ein küchenkulturelles Mosaik dar, das weltweit einmalig ist. Peruanisch essen? Ostafrikanisch? Koscher? Ukrainisch? Kein Problem, allenfalls die Reservierung stellt eines dar. Typische Gerichte oder Zubereitungsarten der Gegend, wie sie andere Metropolen bieten, finden Sie in New York dagegen nicht. Natürlich sind in New York alle gastronomischen Preisklassen vertreten, man wird für ein Taschengeld satt, kann aber mühelos an einem Abend auch ein Monatsgehalt verspeisen. Ein üppiges Trinkgeld ist in New York – wie überall in den USA – obligatorisch. Als Faustregel gilt, *double tax* zu geben, das Doppelte der auf der Rechnung ausgewiesenen Steuer.

Linke Seite: Peasant
Rechte Seite: links EN Japanese Brasserie, rechts Chinatown

TASTY FALAFEL
32
TEL: 212-254-1001
FALAFEL

MEATPACKING DISTRICT
the Diner
EAT ANYTIME

MAIL ORDER DEPT.
SEND A SALAMI
Katz's THATS ALL
KNOWN AS THE BEST
DETECTO
KATZ'S DELICATESSEN

Linke Seite: links oben East Village, rechts oben Meatpacking District, unten Katz's Delicatessen
Rechte Seite: oben Chinatown, unten East Village

66

241 Church Street
New York, NY 10013
TriBeCa
Telefon: +1 / 212 / 9 25 02 02
www.jean-georges.com

Öffnungszeiten: Mo–Mi 17.30 bis 23.00, Do–Sa bis 24.00, So bis 22.30 Uhr
Preise: Hauptgericht mittags 33 $, abends 60 $
Küche: Chinesisch
Haltestelle: 1 Franklin Street; A, C Chambers Street
Stadtplan: Nr. 1

WELT-Tipp: Frühzeitig reservieren! Die Tische können an Wochenenden schon einen Monat im Voraus ausgebucht sein.

Nahe des buntgrellen Viertels Chinatown hat Stararchitekt Richard Meier in seiner klaren, reduzierten Art eine freundliche, asiatisch anmutende Oase gestaltet. Weiße leere Wandflächen und die indirekte Beleuchtung strahlen Ruhe aus, nur rote Tücher mit chinesischen Schriftzeichen über der Bar setzen farbliche Akzente. Die Aquarien, in denen sich Fische durch ihre ebenso stilvoll eingerichtete Welt treiben lassen, geben den Blick in die Küche frei. Dort zaubern Starkoch Jean-Georges Vongerichten und sein Team exquisite chinesisch inspirierte Speisen und verblüffen ihre Gäste mit einer ebenso klaren und akzentuierten, modernen und frischen Gourmet-Sprache wie das Design des Interieurs verspricht.

EXIT

Peasant

194 Elizabeth Street
New York, NY 10012
SoHo
Telefon: +1 / 212 / 9 65 95 11
www.peasantnyc.com

Öffnungszeiten: Di–So 18.00 bis 23.00 Uhr, Mo geschlossen
Preise: Menü 45 $
Küche: Italienisch
Haltestelle: N, R, W 6 Spring Street; 6 Prince Street
Stadtplan: Nr. 43

Italienische Küche in SoHo, verlässlich, solide und mit der ganzen Palette: Mozarella und Prosciutto, Pasta und Pizza, Lasagne und Gnocchi. Die Einrichtung ist rustikal: sichtbares und zum Teil gestrichenes Mauerwerk, urige Details wie aufgeschichtete Holzscheite am offenen Kaminfeuer, schwere dunkle Bänke und Tische, einfache Spiegel an den Wänden. Die gelassene Atmosphäre eines italienischen Landgasthofs in der Provinz. Hier wird noch über dem offenen Feuer gekocht, traditionell wird das toskanische „Bistecca alla Fiorentina“ auf dem Grill gebraten, das beste Stück Büffelfleisch. Die Weine stammen vorwiegend aus den südlichen Regionen Italiens, aus den Abruzzen, Apulien und der Basilicata.

TOLEDO
NO SPRINGS - HONEST WEIGHT

Balthazar

80 Spring Street
New York, NY 10012
SoHo
Telefon: +1 / 212 / 9 65 17 85
www.balthazarny.com

Öffnungszeiten: Mo–Fr 7.30 bis 24.00, Sa–So 8.00 bis 1.00 Uhr
Preise: Menü 40–50 $
Küche: Französisch
Haltestelle: R, W Prince Street; 6 Spring Street; B, D, F, V Broadway-Lafayette Street
Stadtplan: Nr. 4

Eine Brasserie als modische New Yorker Antwort auf das Pariser Fin de Siècle. Eigentümer Keith McNally, ein Paris-Fan, wollte die beste Brasserie jenseits des Atlantiks schaffen. Die Besucher sitzen auf mit rotem Leder bezogenen Kaffeehausmöbeln, die Beleuchtung ist dezent, der Aperitif wird zelebriert, Gespräche plätschern dahin. Zu Austern, Shrimps, Steaks und Hühnchengerichten gibt es Supersize-Baguettes aus der hauseigenen Bäckerei, die Auswahl aus mehr als 300 französischen Weinen wird zur vergnüglichen Qual der Wahl. Rundum sind Weine in riesigen Regalen an den Wänden gestapelt. Eine Verführung ist die Patisserie-Abteilung. Das Lokal ist beliebt als Treffpunkt für Nachteulen.

RESTAURANT

Katz's Delicatessen

205 East Houston Street
New York, NY 10002
Lower East Side
Telefon: +1 / 212 / 2 54 22 46
www.katzdeli.com

Öffnungszeiten: So+Di 8.00 bis 22.00, Mi+Do bis 23.00, Fr+Sa bis 3.00 Uhr
Preise: Suppen, Burger 5 $, Sandwiches 13 $, Grillteller 20 $, Katz's Salami 10 $
Küche: Traditioneller New Yorker Stil
Haltestelle: F, J, M, Z Delancey Street-Essex Street; V 2 Avenue-Lower East Side
Stadtplan: Nr. 28

WELT-Tipp: Legendär sind die Salami und die Pastrami-Sandwiches.

Seit fast 120 Jahren gibt es den legendären Deli auf der Lower East Side in New York. Eine russische Einwandererfamilie gründete 1888 ihr Geschäft für Delikatessen, das zu einer Institution wurde und es bis in die Kinos geschafft hat: Harry und Sally hatten hier ihr berühmtes Date, und bei Katz's ist man sich sicher, dass Sally nicht geschauspielert hat. Salate, Suppen, Burger, Gegrilltes und die angeblich besten Sandwiches der Stadt locken Stars und selbst die höchsten Staatsmänner mit ihren Gästen an – was zahlreiche Fotos an den Wänden beweisen. Die Atmosphäre ist locker und leger. Das Flair vergangener Zeiten und die Anfänge der Burger-Kultur liegen in der Luft.

OCCUPANCY
BY MORE THAN
355 PERSONS IS
DANGEROUS
AND UNLAWFUL
Piels
Pabst
FOR YOUR BUSINESS
AND HOLIDAY PARTIES
AL4-2246
LET US
CATER
YOUR
PARTY!
ENJOY!

Kittichai

60 Thompson Street
New York, NY 10014
SoHo
Telefon: +1 / 212 / 2 19 20 00
www.kittichairestaurant.com

Öffnungszeiten: Mo–Fr 12.00 bis 14.45, Sa+So 11.00 bis 14.45, So–Mi 17.30 bis 23.00, Do–Sa 17.30 bis 24.00 Uhr
Preise: Hauptgericht 25 $
Küche: Thailändisch
Haltestelle: C, E Spring Street
Stadtplan: Nr. 30

Das Restaurant in SoHo bietet, so sagen nicht nur Insider, die beste Thai-Küche in den Vereinigten Staaten. Unter den 18 000 Restaurants in Manhattan ragt es heraus mit seinen vielen Auszeichnungen. Namensgeber Ian Chalermkittichai war zuvor im „Four Seasons Hotel" in Bangkok tätig. Mit asiatischen Zimbelklängen empfängt er seine Gäste, platziert sie vor Regalreihen voller fernöstlicher Figuren. Durchlässig ist die Innenarchitektur: klare Formen, sanfte Farben, weiches Licht. Hübsche Deko-Elemente wie geschnitzte Wandscheiben. Der Service ist diskret, die Küche nobel. Salate mit gegrillten Rinderscheiben, Hühnerbrust in quietschgelber Currysauce, Kokosnuss-Crêpes und kreative Cocktails zählen zu den Highlights der Karte.

EN Japanese Brasserie

435 Hudson Street
New York, NY 10014
West Village
Telefon: +1 / 212 / 6 47 91 96
www.enjb.com

Öffnungszeiten: So–Do 17.30 bis 23.00, Fr+Sa 17.30 bis 24.00 Uhr
Preise: Menü 60 $
Küche: Japanisch
Haltestelle: 1, 9 Houston Street; A, B, C, D, E, F, V West 4 Street
Stadtplan: Nr. 17

In diesem Restaurant an der Hudson Street werden die Stärken der japanischen Küche ausgespielt: Edle Fische auf den Tellern, dazu exotische Gemüse und wohlschmeckender Reis. Die Einrichtung ist sachlich, aber harmonisch, ergänzt um japanische Besonderheiten im Design wie Tücher, Zwischenwände und Papierlampen. Schöne Plätze zum Sehen und Gesehenwerden gibt es an der gut bestückten Bar. Dort sind die Flaschen mit dem Yamagata-Sake aufgereiht, der nur im Nordwesten Japans hergestellt und nur hier in New York ausgeschenkt wird. Er ist im Nigata-Stil gebraut und fruchtiger als herkömmlicher Sake. Auch das besonders reine Yamagata-Wasser ist im Angebot.

The Mercer Kitchen

99 Prince Street
New York, NY 10012
SoHo
Telefon: +1 / 212 / 9 66 54 54
www.jean-georges.com

Öffnungszeiten: täglich 8.00 bis 11.00, 12.00 bis 15.00 und 18.00 bis 24.00 Uhr
Preise: Hauptgericht 25 $
Küche: Modern Amerikanisch
Haltestelle: R, W Prince Street; 6 Spring Street
Stadtplan: Nr. 35

Im eleganten, gleichnamigen Hotel verbirgt sich diese Küche – im wahren Wortsinn. Im Bereich der Hotellobby sind das Café und die Bar untergebracht, das Restaurant liegt im Untergeschoss, versteckt unter den Bürgersteigen von SoHo. Der Clou: Durch Glasmurmeln, die in einem Stahlgitter eingearbeitet sind, fällt dezentes Licht, und Sie sehen die Schatten der vorbeilaufenden Menschen. Der französische Designer Christian Liaigre reagiert gekonnt mit einer modern-rustikalen Inneneinrichtung und einer warmen, diskreten Beleuchtung auf das raue Flair der Kellermauern. Die Küche, das Hauptthema des Namens, ist offen gestaltet, und der Gast schaut dem geschäftigen Treiben der weiß gekleideten Köche zu.

Spice Market

403 West 13th Street
New York, NY 10014
Meatpacking District
Telefon: +1 / 212 / 6 75 23 22
www.jean-georges.com

Öffnungszeiten: Mo–Fr 12.00 bis 16.00, Mo–So 17.30 bis 24.00 Uhr, Brunch Sa+So 12.00 bis 16.00 Uhr
Preise: Hauptgericht mittags 40 $, abends 50 $
Küche: Südostasiatisch
Haltestelle: A, C, E, L 14 Street-Eighth Avenue; 1 14 Street
Stadtplan: Nr. 47

Die Leidenschaft für ostasiatisches Flair und für Basare ist im Spice Market sofort zu spüren. Die Sitzplätze im Restaurant sind in kleineren Nischen und um ein Atrium angeordnet, das den Blick auf die Bar freigibt. Die original orientalische Einrichtung, die dezente und indirekte Beleuchtung sowie die sanfte Farbgestaltung der Räume schaffen eine warme, ruhige Atmosphäre. Jean-Georges Vongerichten und sein Team verwöhnen hier mit raffinierten, exotischen Gerichten, entführen Sie in die fantasievolle Welt ungeahnter Gewürzkombinationen. Ein Hotspot im Meatpacking District, dessen gekonnter Mix aus Lässigkeit, Luxus und Exotik viele Einheimische und gelegentlich auch Prominente lieben.

Matsuri

369 West 16th Street
New York, NY 10011
Chelsea
Telefon: +1 / 212 / 2 43 64 00
www.themaritimehotel.com/
matsuri.html

Öffnungszeiten: So–Mi 18.00 bis 1.30, Do–Sa 18.00 bis 2.30 Uhr
Preise: Hauptgericht 20 $, Drinks 14 $
Küche: Japanisch
Haltestelle: A, C, E 14 Street-Eighth Avenue
Stadtplan: Nr. 34

Vielen Einheimischen gilt das Restaurant im „Maritime Hotel“ als einer der besten Japaner in New York. Die Küche ist saisonal ausgerichtet und bietet neben Sushi sämtliche Fisch-Klassiker aus Japan. Der Fisch und die biologisch angebauten Getreidesorten werden jeden Tag direkt aus Fernost angeliefert. Chefkoch Tadashi Ono richtet in der offenen Küche die Köstlichkeiten vor Ihren Augen an, mit feinstem Reis und ausgewählten Gemüsearten, die auch mal ins Exotische gehen. Im Angebot sind mehr als 200 Sorten Sake, der typisch japanische Reiswein, darunter Daruma, die Spezialität des Hauses. Die Atmosphäre ist romantisch, die Einrichtung traditionell mit modernen Akzenten.

Dévi

8 East 18th Street
New York, NY 10003
Flatiron
Telefon: +1 / 212 / 6 91 13 00
www.devinyc.com

Öffnungszeiten: Mo–Do 12.00 bis 14.30, 17.30 bis 22.30, Fr+Sa 12.00 bis 14.30, 17.30 bis 23.00, So 17.00 bis 22.00 Uhr
Preise: Vorspeisen ab 6 $, Hauptgerichte ab 14 $
Küche: Indisch
Haltestelle: 4, 5, 6, L, N, Q, R, W 14 Street-Union Square
Stadtplan: Nr. 15

Suvir Saran und Hemant Mathur präsentieren eine neue Art, die kulinarischen Köstlichkeiten des indischen Subkontinents zuzubereiten. Seit zehn Jahren sind die beiden ein Team und stehen für die authentische indische Küche. Saran ist in dieser Richtung eine anerkannte Autorität in den USA, und Mathur zählt zu den zehn Top-Tandoori-Meistern. Sie verwenden ökologisch angebaute Produkte und frische Zutaten, die exquisit gewürzt werden. Die Einrichtung des Restaurants lässt die amerikanische Metropole vor der Tür vergessen. Warme Rottöne, Vorhänge an den Wänden, geschmackvolles indisches Dekor bis hin zum originalen Geschirr und Besteck betören das Auge, man wähnt sich glatt in Indien.

Keens Steakhouse

72 West 36th Street
New York, NY 10018
Midtown
Telefon: +1 / 212 / 9 47 36 36
www.keens.com

Öffnungszeiten: Mo–Fr 11.45 bis 22.30, Sa 17.00 bis 22.30, So 17.00 bis 21.00 Uhr
Preise: Hauptgericht 40 $
Küche: Amerikanisch
Haltestelle: B, D, F, N, Q, R, V, W 34 Street-Herald Square
Stadtplan: Nr. 29

Als Albert Keen 1885 die Taverne eröffnete, versammelten sich bärtige Männer, um zu essen, zu trinken und Pfeife zu rauchen, denn Pfeifenrauchen galt als gut für den Geist. Das Haus rühmt sich einer Kollektion von rund 50 000 historischen Pfeifen. Auch die Küche ist traditionsbewusst, noch heute wird die legendäre Hammelkeule serviert. Da wird schon mal eine Vorspeise, etwa eine Lachsfrikadelle, auf Gerste gelegt, da kommt eine üppig gewürzte „West Indies Pepperpot Soup“ mit drei in Meersalz eingelegten Fleischsorten auf den Tisch – nach einem Rezept, das Seeleute vor 400 Jahren aus der Karibik mitbrachten. Und es gibt wie zur Zeit des Gründervaters Truthahn, der drei Tage lang in dunklem Bier ruhte. Dazu werden selbstgebraute Biere und selbstgebackenes Brot gereicht. Auch junges Publikum will essen wie die Vorfahren. Es ist laut und munter, beste Taverntradition.

Einkaufen

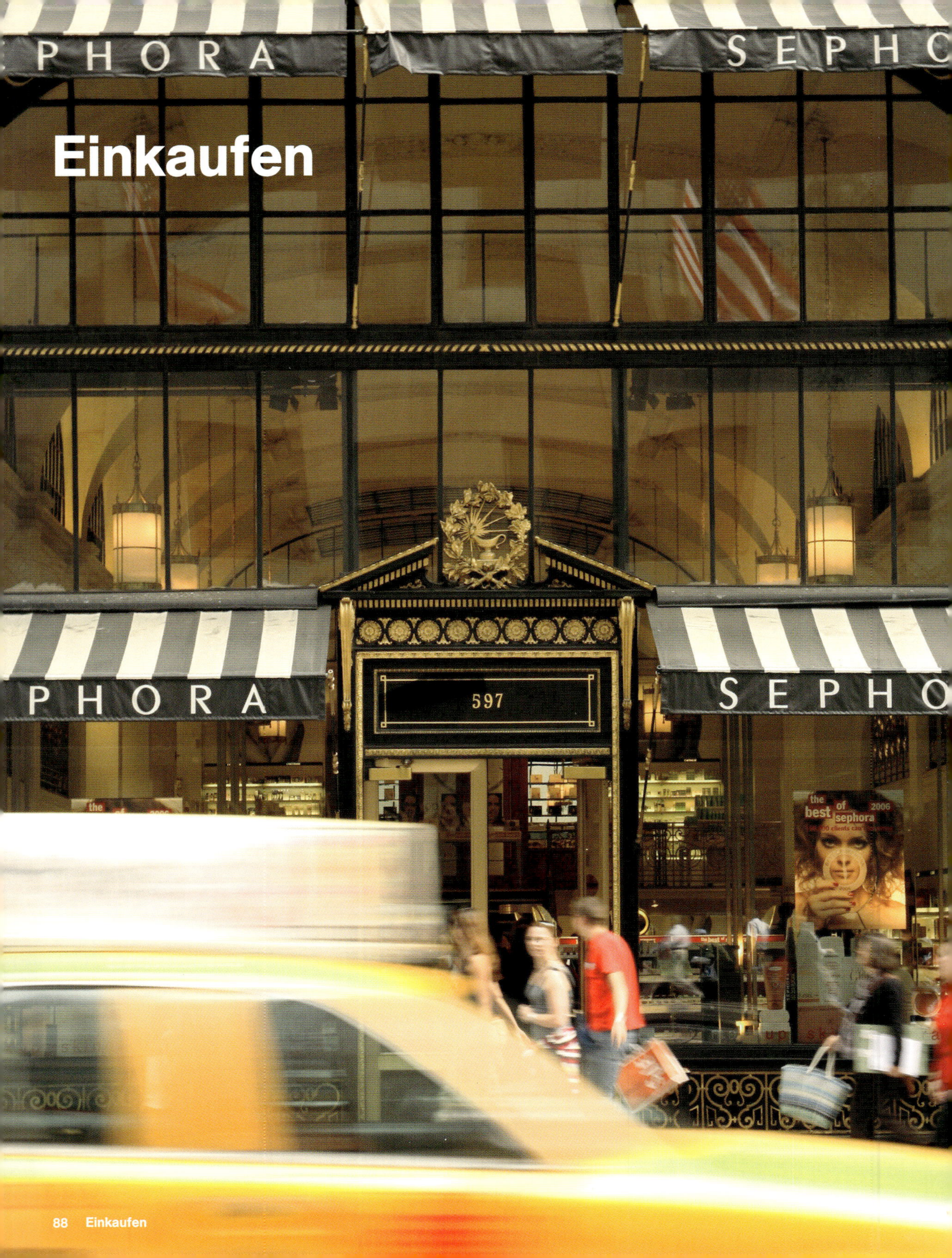

Wer gern einkauft, für den ist New York eines der lohnendsten Ziele rund um den Globus. Die Fülle des Angebots ist überwältigend, und der günstige Dollarkurs macht Shopping preiswert. Die Flagship-Stores sind gefüllt mit einmaligen Designerstücken, gestaltet mit edlen Materialien, geflutet von Licht und Musik. An der Fifth Avenue haben alle großen Markennamen der Welt eine Adresse, auch an der mondänen Madison Avenue, Teilen des Broadways und seinen Nebenstraßen im südlichen Manhattan. Von Ralph Lauren über Prada bis DKNY – immer sind allerneueste Kreationen zu finden, manche Boutiquen wechseln ihr Angebot wöchentlich. Wem es um Schnäppchen geht, der achte auf Sonderangebote und Super-Stores. Wie B&H nahe der Penn Station, ein Spezialist für elektronische Artikel auf 35 000 m² mit mehreren Etagen. Die New Yorker lieben aber auch ihre Kaufhäuser, etwa das Century 21 am Ground Zero, Bloomingdale's oder Macy's. Hier werden Stücke namhafter Designer, Schuhe und Accessoires etwas günstiger als in den Boutiquen verkauft, zudem ist hier das gesamte Angebot stets äußerst geschmackvoll präsentiert.

Linke Seite: Fifth Avenue
Rechte Seite: links East Village, rechts Apple Store Fifth Avenue

ANTHROPOLOGIE
apparel home found
SINCE 1992
Sotheby's

70
TAI HONG LAU
RESTAURANT
大漢樓酒家
東苑海鮮菜館
NO STANDING
NO PARKING
ANYTIME

Linke Seite: links oben Sotheby's, rechts SoHo, unten Chinatown
Rechte Seite: oben SoHo, unten Tiffany & Co. auf der Fifth Avenue

Century 21 Department Stores

22 Cortlandt Street
New York, NY 10007
Financial District
Telefon: +1 / 212 / 2 27 90 92
www.c21stores.com

Öffnungszeiten: Mo–Fr 7.45 bis 20.00, Sa 10.00 bis 20.00, So 11.00 bis 19.00 Uhr
Produkte: Discount-Markt für Mode, Schuhe, Kosmetik, Wohnaccessoires
Haltestelle: R, W Cortlandt Street; R, W Rector Street
Stadtplan: Nr. 11

WELT-Tipp: Bringen Sie viel Zeit mit. Es dauert, bis man bei den vollgestopften Regalen und überquellenden Wühltischen einen Überblick gewinnt.

Direkt gegenüber Ground Zero gelegen, wurde Century 21 von den Terrorattacken des 11. September 2001 in Mitleidenschaft gezogen. Das Gebäude blieb allerdings unbeschädigt, sodass der Discount-Markt für Design-Textilien einige Wochen später wieder eröffnen konnte. Ein Geheimtipp ist das gutsortierte Geschäft schon lange nicht mehr, doch mit etwas Glück finden Sie trotz des täglichen Kundenansturms genau das Designerstück zum fairen Preis, das Sie schon immer haben wollten. Auf drei Etagen bietet Century 21, was sonst nur Stars und Wohlbetuchte tragen – und zwar günstig, bis zu 75 % reduziert. Der Traum von Versace und Prada kann hier also schnell in Erfüllung gehen. Neben Mode und Schuhen finden Sie auch Schnäppchen bei Kosmetikprodukten, Wohnaccessoires und Haushaltsgegenständen.

Dean & DeLuca

560 Broadway
New York, NY 10012
SoHo
Telefon: +1 / 212 / 2 26 68 00
www.deandeluca.com

Öffnungszeiten: Mo–Fr 7.00 bis 21.00, Sa 8.00 bis 21.00,
So 8.00 bis 20.00 Uhr
Produkte: Schokolade, Gebäck, Delikatessen, Fertiggerichte, Accessoires
Haltestelle: N, R, W Prince Street; B, D, F, V Broadway-Lafayette Street;
6 Bleeker Street
Stadtplan: Nr. 14

Nur die feinsten Delikatessen aus aller Welt finden sich in diesem 1977 in SoHo eröffneten Gourmet-Shop, den Kritiker schon mal als Filiale des Paradieses bezeichnen: Käse und Schinken, Pasta und Antipasti, Gewürze und Gebäck sind nur ein kleiner Teil der Spezialitäten, die hier stets frisch, stets duftend und stets verlockend feilgeboten werden. Küchenware aus weltberühmten Designstudios, Kochbücher in unglaublicher Fülle, edle Weine aus der Alten und Neuen Welt sowie pralle Äpfel – Stichwort Paradies – ergänzen das üppige Angebot. Blitzende Töpfe und Pfannen, wunderbare Glaswaren, herrliche Cookies, Cakes und Pralinen – alles eignet sich auch hervorragend als originelles Mitbringsel. Und nach dem Shopping-Vergnügen bietet sich ein Zwischenhalt an der Espresso-Bar an, den Sie sich mit hausgemachtem Kuchen versüßen sollten.

Strand Book Store

828 Broadway
New York, NY 10003
Greenwich Village
Telefon: +1 / 212 / 4 73 14 52
www.strandbooks.com

Öffnungszeiten: Mo–Sa 9.30 bis 22.30, So 11.00 bis 22.30 Uhr
Produkte: Bücher
Haltestelle: 4, 5, 6, L, N, Q, R, W 14 Street-Union Square
Stadtplan: Nr. 49

Der Strand Book Store ist ein Buchladen mit langer Tradition in New York. 1927 von Benjamin Bass eröffnet, ist er noch immer fest in Familienhand. Seit mehr als 50 Jahren ist er an seinem jetzigen Ort untergebracht und hat sich Etage für Etage weiter nach oben gearbeitet. Heute finden Sie auf fünf Etagen fast 30 Kilometer Bücher, darunter auch ganz spezielle und außergewöhnliche Titel: zum Beispiel erste und signierte Buchausgaben, seltene Fotografiebücher und Sammlerstücke. Beliebt ist das Geschäft wegen seiner Sonderangebote: Strand gewährt bis zu 50 % Nachlass, selbst auf gerade erst erschienene Publikationen.

Stairs,
STRAND
NONFICTION
BESTSELLERS
IF YOU DON'T SEE WHAT YOU WANT ASK FOR IT.
2007

MoMA Design and Book Store

11 West 53 Street
New York, NY 10019
Midtown
Telefon: +1 / 212 / 7 08 97 00
www.momastore.org

Öffnungszeiten: Sa–Do 9.30 bis 18.30, Fr bis 21.00 Uhr
Produkte: Kunstbücher, Poster, Karten, Design, Geschenke
Haltestelle: E, V 5 Avenue; B, D, F, V 47–50 Streets-Rockefeller Center
Stadtplan: Nr. 37

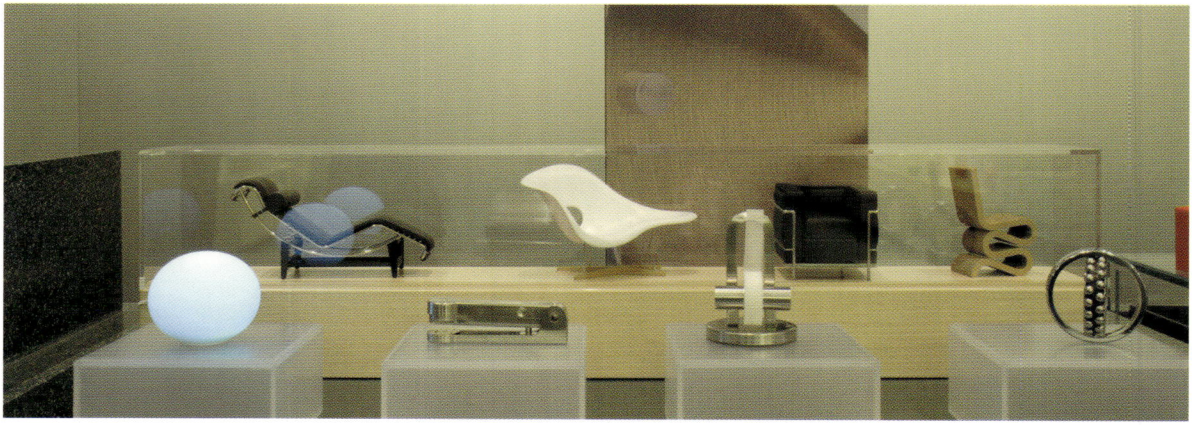

Museumsshops in New York sind durchweg empfehlenswert, aber dieser ist eine Sensation. Hier gibt es nicht nur auf einer riesigen Fläche alles, was der kunstliebende Mensch begehrt, sondern auch Dekor und Gebrauchsgegenstände aus den Depots des Museums, für die keine Verwendung mehr besteht und die deshalb veräußert werden. Da kommt einiges zusammen – vom Picasso-Kunstdruck über moderne chinesische Blumenvasen bis zum Wandbehang in Bonbonfarben – womit sich trefflich die eigene Wohnung aufwerten lässt. In der Buchabteilung sind alle zeitgenössischen Kunsttrends vertreten, vielfältig ist auch das Belletristik-Angebot amerikanischer Autoren.

Rizzoli Bookstore

31 West 57th Street
New York, NY 10019
Midtown
Telefon: +1 / 212 / 7 59 24 24
www.rizzoliusa.com

Öffnungszeiten: Mo–Fr 10.00 bis 19.30, Sa 11.00 bis 19.30, So 11.00 bis 19.00 Uhr
Produkte: Kunst-, Architektur-, Fotografie-, Mode- und Designbände, Reiseliteratur, Bestseller, Kinderbücher, Kalender und CDs
Haltestelle: F 57 Street; N, R, W Fifth Avenue-59 Street
Stadtplan: Nr. 45

Ein Tempel für Gedrucktes aller Art, für Geschenke und Grafikdesign, der seit 1963 in einem denkmalgeschützten Gebäude zwischen Fifth und Sixth Avenue untergebracht ist. Rizzoli ist eine amerikanische Institution von höchstem Prestige, so bedeutsam wie Tiffany, Saks oder Bloomingdale's. Nach dem Eintreten fühlt man sich in die Romane von John Updike versetzt, der die seitenraschelnde Atmosphäre so gut beschreibt. Menschen tragen Lesebrillen an Ketten um den Hals, nähern sich erwartungsvoll den großen Tischen voller Bestseller und schreiten die Regalreihen ab – ziemlich ungewöhnlich im Zeitalter des Internets. Unter Kronleuchtern und vor halbrunden Fenstern decken sich Upper- und Middleclass mit Lesestoff ein, das Angebot ist enorm.

ROUSSEAU
SEXITECTURE
Manzoni
EXIT
RICHTER 858
RICHTER 858
RICHTER 858
Vuillard
redgrooms
BARYE
Reflections of Paradise

Apple Store Fifth Avenue

767 Fifth Avenue
New York, NY 10153
Midtown
Telefon: +1 / 212 / 3 36 14 40
www.apple.com/retail/fifthavenue

Öffnungszeiten: täglich 24 Stunden
Produkte: Macintosh-Computer, iPods, Mac-Accessoires
Haltestelle: N, R, W Fifth Avenue-59 Street; F 57 Street; 4, 5, 6 59 Street
Stadtplan: Nr. 3

Ein leichter, 10 m hoher Glaswürfel zwischen den Hochhäusern an der Fifth Avenue dient als Blickfang und Eingang in ein unterirdisches Paradies. Der angebissene Apfel deutet die nahende Versuchung dezent an. Im neu eröffneten Apple-Flagship-Store versammeln sich Technikbegeisterte und Neugierige, testen neue Software und Spiele an den schnellen Laptops und Rechnern, begutachten die neuesten iPods und iPhones. Fast 300 Fachleute gehören zum Personal, die Kunden in technischen Fragen beraten und Tipps und Tricks in Fotografie, Film und Musik verraten. Ein Vergnügen rund um die Uhr und an sieben Tagen pro Woche!

FAO Schwarz

767 Fifth Avenue
New York, NY 10153
Midtown
Telefon: +1 / 212 / 6 44 94 00
www.fao.com

Öffnungszeiten: Mo–Sa 10.00 bis 19.00, So 11.00 bis 18.00 Uhr
Produkte: Spielzeug
Haltestelle: N, R, W Fifth Avenue-59 Street; F 57 Street; 4, 5, 6 59 Street
Stadtplan: Nr. 18

Der deutsche Einwanderer Frederick August Otto Schwarz hat Generationen von Kindern ein Glänzen in die Augen gezaubert, seitdem er 1870 sein Geschäft in Manhattan eröffnete. Heute wie damals stehen Eltern vor der schwierigen Aufgabe, ihre Kleinen wieder aus diesem Paradies herauszulocken, ohne dass der Nachwuchs Tränen der Enttäuschung vergießt. Denn welches Kind bleibt nicht gern in einer bunten Welt, in der es alles gibt, was glücklich macht: vom klassischen Steiff-Stofftier über Schuhe mit Sprungfedern bis zum motorisierten Mini-Cooper. Selbstredend bietet FAO Schwarz die größte Barbie-Puppen-Auswahl der Nordhalbkugel, und sogar eine viktorianische Kinder-Villa für den Garten zu Hause ist im Angebot, für 22 000 $. FAO erfüllt Kinderträume – auch die anspruchsvollen.

For Your Convenience
FAO Schwarz will ship your purchase anywhere in the world.
Shipping provided by FedEx on the Lower Level.

Hotels

Nach dem 11. September 2001 brauchte Manhattans Hotellerie lange, um sich zu erholen. Kaum eine Branche hatte es härter getroffen. Doch die Hoteliers setzten auf die Zukunft und investierten enorme Summen, um ihre Häuser zu modernisieren. Inzwischen kommen pro Jahr wieder 44 Millionen Besucher nach New York, die Strategie hat sich also als goldrichtig erwiesen. Noch nie war die Hotelszene im Big Apple so vielgestaltig. Von Grandhotels über Design- und gediegene Mittelklassehäuser bis hin zu gemütlichen Bed & Breakfasts und Apartments ist alles vertreten. Und so vielfältig die Angebotspalette, so breit gefächert die Preisliste: Wer bereit ist, viel Geld auszugeben, residiert auf höchstem Niveau, etwa im Wolkenkratzer mit Blick auf das Chrysler Building und die leuchtende nächtliche Skyline. Oder dort, wo schon Berühmtheiten ihren Kopf ins Kissen betteten und Sie in der Lobby und an der Bar auf Stars treffen können. Wer keinen Wert auf Luxus legt, sondern lediglich ein Dach über dem Kopf sucht, wird ebenfalls fündig – außerhalb der Hauptsaison sogar zu vernünftigen Preisen.

Linke Seite: Plaza Athénée
Rechte Seite: links Hotel (The Mercer), rechts Four Seasons Hotel

Hotel on Rivington

107 Rivington Street
New York, NY 10002
Lower East Side
Telefon: +1 / 212 / 4 75 26 00
Fax: +1 / 212 / 4 75 59 59
www.hotelonrivington.com

Preise: DZ und Suiten von 325 $ bis 5 000 $
Haltestelle: F Delancey Street; J, M, Z Essex Street
Stadtplan: Nr. 26

Das Hotel in dem 21 Stockwerke hohen Glasturm an der Lower East Side ist ganz von Transparenz und Weitblick geprägt. Wer am Abend bei offenen Vorhängen gemütlich im Bett liegt, genießt aus den raumhohen Fenstern einen traumhaften Ausblick ins das leuchtende Lichtermeer der Metropole. Der Rundumblick ist von allen Standpunkten aus garantiert – wer mag, darf selbst in Bad, Sauna und im japanischen Badehaus den Blick in die Ferne schweifen lassen. Renommierte internationale Designer haben bei diesem modernen und zeitgenössischen Hotel Hand angelegt. Das Restaurant „Thor" gehört zu den kulinarischen Top-Adressen in dem beliebten Szeneviertel, ebenso wie der Mode- und Designshop „Annie O".

Hotel (The Mercer)

147 Mercer Street
New York, NY 10012
SoHo
Telefon: +1 / 212 / 9 66 60 60
Fax: +1 / 212 / 9 65 38 38
www.mercerhotel.com

Preise: DZ ab 495 $, Suiten ab 1 350 $
Serviceangebot: Packservice
Haltestelle: 6 Spring Street; N, R, W Prince Street; B, D, F, V Broadway-Lafayette Street
Stadtplan: Nr. 24

„Ein Buffet von Luxus", titelte die „New York Times" über das altehrwürdige, denkmalgeschützte Hotel in SoHo. Mit seiner gediegenen neoromanischen Architektur bietet es das authentische Erlebnis, in einem modernen Loft zu wohnen. Die 75 reduziert und elegant eingerichteten Zimmer, Studios und Suiten, verteilt auf sechs Etagen, vermitteln ein Flair, das typisch ist für New York: schick und zugleich mühelos, unaufdringlich. Ein größeres Kompliment gibt es in dieser Stadt kaum für ein Hotel. Das Restaurant ist einladend und familiär, die Küche ist offen und bietet neben amerikanischen auch Spezialitäten anderer Weltküchen, das Weinangebot ist enorm.

Hotel Gansevoort

18 9th Avenue
New York, NY 10014
Meatpacking District
Telefon: +1 / 212 / 2 06 67 00
Fax: +1 / 212 / 2 55 58 58
www.hotelgansevoort.com

Preise: DZ ab 435 $, Suite ab 675 $
Ausstattung: Dachgarten mit Pool und Unterwassermusik, 360°-Blick auf die Stadt
Haltestelle: A, C, E, L 14 Street-Eighth Avenue
Stadtplan: Nr. 25

Der Meatpacking District versorgte die Metropole einst mit Fleisch. Wo sich damals Warenhäuser und Metzgereien aneinander reihten, ist heute ein lebhaftes Szeneviertel mit vielen Trendbars und Restaurants entstanden. Mittendrin das Hotel Gansevoort, nach dem offiziellen Namen des Viertels benannt. Das Luxushotel ist in klarem, modernem Design eingerichtet. Besonders gelungen ist der beheizte Swimmingpool. Aus türkisfarbener Tiefe ertönt dort Unterwassermusik hoch über den Dächern von Manhattan mit einem weiten, hervorragenden Blick auf den Hudson River. Beliebt ist das Hotel auch in der Künstlerszene. Einer der emphatischen Zeitgenossen stöhnte bei seinem ersten Rundgang: „Yes, yes and oh yes!"

The Maritime Hotel

363 West 16th Street
New York, NY 10011
Chelsea
Telefon: +1 / 212 / 2 42 43 00
Fax: +1 / 212 / 2 42 11 88
www.themaritimehotel.com

Preise: DZ 315 $ bis 425 $
Haltestelle: A, C, E, L 14 Street-Eighth Avenue
Stadtplan: Nr. 33

1966 für die National Maritime Union gebaut, verleiht das Haus mit den „Bullaugen" auch heute dem Hotel ein maritimes Flair. Man blickt wie aus einem Schiff auf die Stadt und sieht die Ozeanriesen auf dem Hudson River vorüberziehen. Das Maritime Hotel ist elegant, aber mit bunten Farben und Accessoires kommt keine Steifheit auf. Beliebt sind die „Lobby Bar" und die „Cabanas Roof Bar" mit ihrem überwältigenden Angebot an Spirituosen, hauptsächlich edlen Whisky-Sorten. Die Betten in den Zimmern sind extrabreit und mit feinem Leinen bezogen, der Fitnessbereich ist rund um die Uhr geöffnet. Im „La Bottega" wird rustikale italienische Landküche geboten, im „Matsuri" gepflegte japanische Küche.

Bryant Park Hotel

40 West 40th Street
New York, NY 10018
Midtown
Telefon: +1 / 212 / 8 69 01 00
Fax: +1 / 212 / 8 69 44 46
www.bryantparkhotel.com

Preise: ab 495 $
Ausstattung: 112 Zimmer, 17 Suiten, Cellar Bar, Japanisches Restaurant
Haltestelle: 1, 2, 3, 7, N, Q, R, S, W 42 Street-Times Square
Stadtplan: Nr. 9

Das Bryant Park Hotel nimmt einen Top-Platz unter den New Yorker Designhotels ein. Die Fassade des Art-déco-Wolkenkratzers geht im Eingangsbereich in ein großflächiges Schaufenster über, in dem sich die lebhafte Umgebung spiegelt. Innen präsentiert sich das Hotel zurückhaltend: sanfte Farbtöne, glänzende Holzoberflächen und eine reduzierte, stilvolle Möblierung sorgen für eine ruhige, entspannte Atmosphäre in den mehr als 100 Zimmern und 20 Suiten. Neben dem exquisiten Restaurant und den üblichen Annehmlichkeiten der modernen Hotellerie bietet das Haus ein Privatkino mit 70 Sitzen. Trotz zentraler Lage liegt das Grün des beliebten Bryant Parks direkt vor der Tür.

Hotel QT

125 West 45th Street
New York, NY 10036
Times Square
Telefon: +1 / 212 / 3 54 23 23
Fax: +1 / 212 / 3 02 85 85
www.hotelqt.com

Preise: DZ ab $ 200, Suiten ab 375 $
Ausstattung: Lobby mit Pool, Sauna, Kiosk
Haltestelle: 1, 2, 3, 7, N, Q, R, S, W 42 Street-Times Square
Stadtplan: Nr. 27

Wohnen, wo New York am teuersten ist? André Balazs, bekannt für seine Designhotels, zeigt mit dem Hotel QT, dass dies möglich ist. Aus ihrem Zimmer blicken Sie auf die Massen herab, die sich auf der Straße am Times Square entlang schieben. Innen strahlt das Hotel eine klare Atmosphäre aus. Die Zimmer sind originell und praktisch eingerichtet, viele mit Etagenbetten, um den Raum optimal zu nutzen. Sie beweisen, dass Design auf engem Raum höchst attraktiv ist. Die Sauna und der „Steam Room" lassen den Trubel der Großstadt vergessen. In der „Mezzanine Lounge", an der Bar und im Pool geht es gesellig zu, Sie werden schnell neue Freunde finden.

Night Hotel

132 West 45th Street
New York, NY 10036
Times Square
Telefon: +1 / 212 / 8 35 96 00
Fax: +1 / 212 / 8 35 96 10
www.nighthotelny.com

Preise: DZ ab 340 $, Penthouse Suite 2 500 $
Serviceangebot: Yoga, Meditation im Chopra Center
Haltestelle: 1, 2, 3, 7, N, Q, R, S, W 42 Street-Times Square
Stadtplan: Nr. 41

Es ist das moderne Gothic Gotham, in aller Konsequenz: Ein Hotel ganz in Schwarz und Weiß gehalten, mitten in New Yorks Theaterdistrikt. Gäste in farbiger Kleidung werden in der Lobby zu Paradiesvögeln, und der Kontrast vom blitzenden Technicolor des Times Square zum Interieur könnte nicht heftiger ausfallen. Lange, glasüberwölbte Gänge, dezentes Licht, funkelndes Chrom und jeder Raum in Schwarz und Weiß – das ist die spannende Design-Idee. Das Konzept bleibt sich auch in den Bädern und bei den modernen TV-Flachbildschirmen treu. Im Night Hotel ist immer Nacht, auch wenn in die Rezeption die Sonne hereinflutet.

THE TIME Hotel

224 West 49th Street
New York, NY 10019
Times Square
Telefon: +1 / 212 / 2 46 52 52
Fax: +1 / 212 / 2 45 23 05
www.thetimeny.com

Preise: Queen 179 $ bis 579 $, King 209 $ bis 609 $, Suite 339 $ bis 739 $
Haltestelle: 1, C, E 50 Street; N, R, W 49 Street
Stadtplan: Nr. 50

Das Kennzeichen des Hotels sind seine durchgehende Transparenz und die Farbgestaltung der Räume. THE TIME Hotel ist übersichtlich gebaut, besitzt klare Linien und Formen und bestiсht dadurch, dass es nichts Aufgesetztes, nichts Überflüssiges gibt. Die Zimmer sind wohnlich und mit sanften Effekten eingerichtet. Mit einem Sinn für Humor gestaltete Adam D. Tihany die Zimmer in den drei Grundfarben Rot, Gelb und Blau, die der Gast mit allen Sinnen auf sich wirken lassen kann, wenn er im roten Bett entspannt, den Duft aus dem roten Flakon riecht und das rote Bonbon schmeckt. Oder wollen Sie lieber eine gelbe oder blaue Atmosphäre ausprobieren? Selbst der vielgereiste Globetrotter kommt hier ins Staunen.

Dream New York

210 West 55th Street
New York, NY 10019
Midtown
Telefon: +1 / 212 / 2 47 20 00
Fax: +1 / 646 / 7 56 20 88
www.dreamny.com

Preise: Zimmer ab 229 $
Haltestelle: B, D, E Seventh Avenue; N, Q, R, W 57 Street; 1 50 Street
Stadtplan: Nr. 16

Vikram Chatwal verwirklichte im amerikanischen Großstadttreiben einen Traum. Der aus Indien stammende Hotelier, auch Schauspieler und Model, hat eine multikulturelle Oase geschaffen. Eine mongolische Statue empfängt die Gäste in der Lobby, das Restaurant, in warme Rottöne getaucht, entführt in die italienisch inspirierte Küche. Die farbig gestreifte „Dream Lounge" lädt zum Flirten ein. Eine zweite Lounge im Stil der französischen Riviera lockt in luftiger Höhe mit einem atemberaubenden Ausblick von der Dachterrasse über den Großstadtdschungel. Dem Hotel ist ein Spa-Center angegliedert, das Sie auf eine ruhige, spirituelle Reise nach Fernost mitnimmt – perfekt zum Abtauchen.

$10

Chambers

15 West 56th Street
New York, NY 10019
Midtown
Telefon: +1 / 212 / 9 74 56 56
Fax: +1 / 212 / 9 74 56 57
www.chambershotel.com

Preise: EZ ab 295 $, DZ ab 450 $, Suiten ab 850 $
Serviceangebot: WLAN, freie CDs und DVDs, freier NY Sport Club Pass
Haltestelle: F 57 Street
Stadtplan: Nr. 12

WELT-Tipp: Gäste können sich einen Personal-Shopper bestellen, der Sie beim Geldausgeben im Edelkaufhaus Henri Bendel berät.

Das Chambers verbindet den eher rauen, fast industriellen Design-Charme, den man in Downtown Manhattan findet, mit dem klassischen Einrichtungsstil eines modernen Stadthauses. Das MoMA und die zahlreichen Galerien in der direkten Nachbarschaft inspirierten zu der Idee des Hauses, in dem Sie sich wie in einer privaten Kunstgalerie fühlen. 500 Originale von Künstlerstars wie John Waters, Bob und Roberta Smith und Do-Ho Suh sind über die 14 Etagen des Hauses verteilt und stimmen Sie darauf ein, das Künstlerviertel rundherum zu erkunden. Im Restaurant „Town" werden Sie bei toller Aussicht mit exquisiter französischer Küche verwöhnt, die dem strengen Gastrokritiker der „New York Times" drei Sterne wert war.

Four Seasons Hotel

57 East 57th Street
New York, NY 10022
Midtown
Telefon: +1 / 212 / 7 58 57 00
Fax: +1 / 212 / 75 85 71
www.fourseasons.com

Preise: DZ ab 595 $
Serviceangebot: Komplett ausgestattetes Business-Center, 465 m² Wellness- und Fitnesscenter, Angebote für Kinder, Babysitting-Service
Haltestelle: 4, 5, 6 59 Street-Lexington Avenue; N, R, W Fifth Avenue-59 Street
Stadtplan: Nr. 20

Vielen gilt das Four Seasons als das feinste aller Luxushotels in New York. Es wurde 1993 nach Plänen des chinesisch-amerikanischen Stararchitekten I. M. Pei fertiggestellt. Viele der großzügigen, elegant möblierten Zimmer bieten einen Ausblick über den Central Park. Die Lobby ist in hellem Holz gehalten, die Halle in italienischem Marmor. Das Restaurant „FiftySeven" ist nobel, aber nicht zu teuer. Deshalb hat es die junge urbane Elite zu einem ihrer bevorzugten Treffpunkte erkoren und nimmt hier besonders gern ein Powerlunch ein. Äußerst beliebt sind auch die Sandwiches und hausgemachten Kuchen zum Tee, und die Hausbar ist eine gern genutzte Anlaufstelle für After-Work-Partys.

The Lowell Hotel

28 East 63rd Street
New York, NY 10021
Upper East Side
Telefon: +1 / 212 / 8 38 14 00
Fax: +1 / 212 / 3 19 42 30
www.lowellhotel.com

Preise: EZ ab 545 $, DZ ab 635 $, Suite 1 265 $
Serviceangebot: 33 Zimmer mit Kamin, Suiten mit Terrassen, Betreuung für Kinder und Haustiere
Haltestelle: F Lexington Avenue-63 Street; N, R, W Fifth Avenue-59 Street; 4, 5, 6 59 Street
Stadtplan: Nr. 32

Country Style in the City. Das kleine, aber feine Hotel im Herzen New Yorks – nahe der Madison Avenue – bietet eine ländliche Atmosphäre mitten in der Metropole. Die 23 Deluxe-Zimmer und 47 Suiten sind alle individuell, wohnlich und stilvoll eingerichtet. Das ehemalige Postgebäude gehört zu den „Leading Hotels of the World". In den im Landhausstil gehaltenen Suiten entspannen die Gäste im breiten Sessel oder auf den Sofas mit Riesenkissen am gemütlichen Kaminfeuer. Frühstück, Brunch und der Tee am Nachmittag wird im „Pembroke Room" serviert, das Restaurant „Post House" zählt zu den zehn besten Steakhäusern in Amerika.

CELEBRITY REGISTER
STARSTRUCK
Masters of Starlight
THE MARX BROTHERS
HOLLYWOOD MUSICAL
DAVID O SELZNICK'S HOLLYWOOD
GODDESS
CLASSIC MOTION PICTURES

Plaza Athénée

37 East 64th Street
New York, NY 10021
Upper East Side
Telefon: +1 / 212 / 7 34 91 00
Fax: +1 / 212 / 7 72 09 58
www.plaza-athenee.com

Preise: DZ ab 695 $, Suite ab 1 470 $
Haltestelle: F Lexington Avenue-63 Street; N, R, W Fifth Avenue-59 Street; 4, 5, 6 59 Street
Stadtplan: Nr. 44

Dieses Haus ist einem vornehmen europäischen Grandhotel nachempfunden und eine Hotel-Ikone an der Upper East Side. Im heftigen Wettbewerb der Spitzenhotels liegt es solide im Vorderfeld, weil es konstant gediegene Eleganz, unaufgeregten, aber hocheffizienten Service und komfortable, geräumige Gästezimmer bietet. Der Kunde weiß, woran er ist – deshalb hat das Plaza Athénée viele treue Stammgäste. Der allumfassende Service versöhnt mit den hohen Preisen. Bei einer In-Room-Massage können Sie sich nach einem anstrengenden Shopping-Bummel verwöhnen lassen. Im Zimmer erhalten Sie auf Wunsch ein Glas Wein serviert, oder Sie können sich ein Rosenwannenbad einlaufen lassen. Keine Effekthascherei, dafür Understatement der vornehmen Art.

Was noch?

New York ist ein Vergnügungspark, den Sie nicht nur aus der Perspektive des Spaziergängers erleben können, sondern auch aus der Luft während eines Fluges mit dem Helikopter oder vom Fahrradsattel aus. Sie können mit einem Segelschiff einen Törn vor der Kulisse Manhattans unternehmen oder mit dem kanariengelben Water Taxi einen Tagesausflug bis ins Hudson Valley unternehmen. Dort ist der Hudson River an beiden Ufern von alten, mächtigen Bäumen gesäumt, die im Herbst, dem Indian Summer, einen wahren Farbenrausch bilden. Nicht zu vergessen die grünen Oasen im Stadtgebiet wie Battery Park City, ein Stadtteil am westlichen Ufer des Hudson River mit Seepromenade, Jachthafen, Kinderspielplatz, Liegewiesen und genügend Platz für Jogger, Walker und Skater – eine Art Spielwiese für Erwachsene im Süden Manhattans. Auch das Angebot an Day-Spas ist verlockend, und die Sportmöglichkeiten in der dicht bebauten Stadt sind vielfältig, mit perfekt ausgestatteten Gyms oder Golfmöglichkeiten am Hudson River.

Linke Seite: Coney Island
Rechte Seite: links Bronx Zoo, rechts Central Park

New York Water Taxi

Anlegestellen:
- South Street Seaport
- West 44th Street
- Fulton Ferry Landing
- Battery Park

Telefon: +1 / 212 / 7 42 19 69
www.nywatertaxi.com

Öffnungszeiten: ganzjährig, besondere Touren von April–Dez
Preise: Gateway to America Tour 20 $, Kinder unter 12 Jahre 12 $, „Hop On/Hop Off"-Pass (gültig für zwei Tage) 25 $, Kinder 15 $, Sunset Happy Hour Cruises um 19.00 bis 20.30 Uhr ab 21 Jahre 20 $
Eine Buchung im Voraus unter www.nywatertaxi.com wird empfohlen.
Stadtplan: Nr. 40

Von Pier 17 am South Street Seaport pflügt die stählerne Barkasse durchs Wasser, das Mitteldeck ist windgeschützt, auf dem Oberdeck wird das Haar gezaust. Kanariengelb wie die Cabs ist das Wassertaxi, am Bug flattert ein schwarzweiß-gewürfelter Wimpel. Auf der einstündigen „Gateway to America"-Tour erzählen bekannte New Yorker die Geschichte des Hafens über Audio-Headset und entführen Sie mit Originaltönen und Musik in die ersten Siedlungen der amerikanischen Ureinwohner, bringen Sie zu den fünf Forts und verschaffen Ihnen einen lebhaften Eindruck von den Zeiten der Einwanderer bis hin zu den Anschlägen vom 11. September. Mit dem „Hop On/Hop Off"-Pass können Sie zwei Tage lang die Stadt auf eigener Route erkunden: beliebte Haltestellen sind der Times Square, Ground Zero, Williamsburg, Brooklyn und Chelsea – oder ein Stopp beim „Water Taxi Beach" für ein Sonnenbad mit Blick auf die Skyline.

NEW YORK WATER TAXI
Sovereig
Bank
Now in NY, NJ,

Bryant Park

500 Fifth Avenue
New York, NY 10110
Midtown
Telefon: +1 / 212 / 7 68 42 42
www.bryantpark.org

Öffnungszeiten: täglich, Park wird abends geschlossen
Besonderheit: WLAN-Zugang im gesamten Park
Haltestelle: F, V, B, D 42 Street-Bryant Park; 7 Fifth Avenue
Stadtplan: Nr. 8

Wer die 42nd Street hinunter läuft, der findet auf Höhe der Fifth Avenue inmitten des Hochhausmeeres unerwartet einen Platz mit altem Baumbestand. Der Park ist nach dem Dichter und Zeitungsverleger William Cullen Bryant (1794–1878) benannt, der schon früh erkannte, dass eine extrem verdichtete Großstadt Grünflächen benötigt. Ursprünglich befand sich an dieser Stelle ein Friedhof, der 1847 zum Park umgestaltet wurde. Nachdem der Park in den 60er-Jahren Hippie-Filiale und danach zum Terrain von Dealern und Obdachlosen verkommen war, wurde das Gelände nach mehrjähriger Schließung für neun Millionen $ neugestaltet und 1992 wiedereröffnet. Heute finden hier Festivals statt, es ist ein beliebter Ort für Familienausflüge und für Rendezvous.

Central Park

Von der 59 Street im Süden bis zur 110 Street im Norden, von der Fifth Avenue im Osten bis Eighth Avenue im Westen
www.centralpark.com

Öffnungszeiten: täglich 6.00 bis 1.00 Uhr
Preise: frei zugänglicher öffentlicher Park
Haltestelle: 4, 5, 6 entlang der Fifth Avenue; A, B, C entlang der Eighth Avenue
Stadtplan: Nr. 10

Einem Vorschlag des Landschaftsplaners Andrew Jackson Downing folgend, gewannen 1857 Frederick Law Olmsted und Calvert Vaux den Gestaltungswettbewerb zu New Yorks größter Naturanlage. Es entstand ein Park, der mit 4 km Länge und einer Breite von fast 1 km zweimal so groß wie das Fürstentum Monaco ist. Als er 1873 der Öffentlichkeit übergeben wurde, säumten schon erste Hochhäuser seinen Südrand, heute ist er von ihnen umzingelt. Das macht seinen Reiz aus. Im Frühjahr blühen Kirschbäume, im Herbst leuchten Blätter, im Sommer ist er Liegewiese und Tummelplatz, im Winter Schneeparadies. Die gesamte Anlage wurde gartengestalterisch perfekt durchgeplant, bis hin zu romantischen Sujets wie gusseisernen Brücken.

Fort Tryon Park / The Cloisters

Fort Tryon Park
New York, NY 10040
Upper Manhattan
Telefon: +1 / 212 / 9 23 37 00;
Museum: +1 / 212 / 6 50 22 80
www.metmuseum.org

Öffnungszeiten: Nov–Feb Di–So 9.30 bis 17.00 Uhr, März–Okt bis 17.30 Uhr
Preise: Erwachsene 20 $, Studenten und Senioren 10 $, Kinder unter 12 Jahren frei. Jeweils inkl. Eintritt für das Metropolitan Museum
Haltestelle: A 190 Street, Bus M4 bis Fort Tryon Park / The Cloisters
Stadtplan: Nr. 19

WELT-Tipp: Mit einer Eintrittskarte vom Metropolitan Museum of Art können Sie am selben Tag kostenlos The Cloisters besuchen.

Kopfsteinpflaster, hohe rustikale Mauern, alter Baumbestand. In der Ferne schimmert die Silhouette der Brooklyn Bridge. Die Kreuzgänge durchweht meditative Stille, manchmal ertönt Gregorianischer Gesang. Ab 1934 errichtet, um einen Teil der Mittelaltersammlung des Metropolitan Museums of Art unterzubringen, versucht The Cloisters mitten in Upper Manhattan, das europäische Mittelalter wiederaufleben zu lassen. Dazu wurden originale Architekturfragmente aus französischen und spanischen Klöstern und Kirchen verwendet. In den Galerien sind Skulpturen, Malereien, illuminierte Manuskripte, Gold- und Silberschmiedearbeiten, Glas und Elfenbein zu bewundern. Wunderschön ist auch der angeschlossene Park.

Coney Island

Surf Avenue
Brooklyn, NY 11224
Coney Island
www.coneyisland.com

Öffnungszeiten: Strand und Promenade ganzjährig frei zugänglich, Fahrgeschäfte und Attraktionen von Ostern bis Ende September
Haltestelle: D, F, N, Q Stillwell Avenue
Stadtplan: Nr. 13

WELT-Tipp: Bei „Nathan's Famous" (Ecke Surf Ave / Stillwell Ave) gibt es die besten Hotdogs der Stadt. Der „Wurst-im-Brot-Erfinder" veranstaltet am 4. Juli zudem ein berühmtes Hotdog-Wettessen.

Am Wochenende tummeln sich am 5 km langen Strand von Coney Island eine halbe Million Sonnenhungrige – beim Baden, auf dem Rummelplatz oder bei einem Spaziergang entlang der Promenade. Ein Ausflug mit Tradition, denn schon vor 100 Jahren war Coney Island ein beliebtes Ziel für Familien und Verliebte. Zehntausende Liebesgeschichten nahmen hier ihren Anfang, und noch heute kommt man sich bei der Fahrt in Achterbahn und Riesenrad näher. Auch die unzähligen Imbissbuden sind geschichtsträchtig. Es heißt, dass hier der Hotdog erfunden wurde. Für mediterranes Flair sorgen Palmen – mehr ein Gag, echt sind sie nicht. Eine Attraktion ist das Aquarium mit seiner künstlichen Pazifikküste, aber mit munteren und echten Delphinen.

Bronx Zoo

Bronx River Parkway, Exit 6;
Pehlam Parkway / Boston Road
Bronx, New York 10460
Telefon: +1 / 718 / 3 67 10 10
www.bronxzoo.com

Öffnungszeiten: Nov–März 10.00 bis 16.30 Uhr, April–Okt 10.00 bis 17.00, Sa+So bis 17.30 Uhr
Preise: Erwachsene 14 $, Kinder (2–12 Jahre) 10 $, Senioren (ab 65 Jahren) 12 $, Mi freie Spende (Zoo ist extrem stark besucht), extra Eintritt für besondere Attraktionen wie z. B. Karussells
Haltestelle: 2, 5 East Tremont Avenue-West Farms Square
Stadtplan: Nr. 5

Der Bronx Zoo ist der größte innerstädtische Zoo in den USA. Mit mehr als 100 ha Parkland umfasst er in etwa eine Fläche von 150 Fußballfeldern, auf denen sich in naturnahen Gehegen mehr als 4 000 Tiere austoben. Besonderes Highlight ist der Congo Gorilla Forest. In dem afrikanischen Regenwald in New York lebt die größte Gorilla-Gruppe Nordamerikas. Auf dem Tiger Mountain füttern Tierpfleger drei Mal täglich die Sibirischen Tiger. Auch die Gehege JungleWorld, ein asiatischer tropischer Regenwald, und die Himalaya Highlands sind ausgezeichnet gestaltet. Bekannt ist der Bronx Zoo für seine Naturschutz-Aktivitäten, die er in speziellen Ausstellungen dem Besucher näher bringt.

Staten Island Botanical Garden

1000 Richmond Terrace
Staten Island, NY 10301
Staten Island
Telefon: +1 / 718 / 2 73 82 00
www.sibg.org

Öffnungszeiten: Sonnenaufgang bis Sonnenuntergang
Preise: generell frei; New York Chinese Scholar's Garden: Erwachsene 5 $, Kinder (unter 12 Jahren) 4 $; Connie Gretz's Secret Garden: Erwachsene 2 $
Haltestelle: 1 South Ferry; R, W Whitehall; 4, 5 Bowling Green; dann vom Ferry Terminal Ramp D Bus-Linie S40 bis Snug Harbor
Stadtplan: Nr. 48

Chinesische Kultur auf einer Insel vor Manhattan. Der Garten ist exakt nach der Tradition angelegt, wie sie im Reich der Mitte zur Zeit der Han-Dynastie vor rund 2000 Jahren gepflegt wurde. Hinter dem mächtigen, Ehrfurcht einflößenden Palast erstreckt sich eine anmutige Landschaft mit schützendem Baumbestand, in die kleinteilige Bauten harmonisch eingefügt sind. Eine Zone mit meditativen Elementen. Die Psyche wird beim Anblick von so viel Schönheit gestärkt, die Augen erfreuen sich an gartenarchitektonischen Details, wie etwa an einer wundervoll ornamentierten alten Mauer oder einer nie gesehenen Orchideenvielfalt.

Nützliche Tipps & Adressen

ANKUNFT IN NEW YORK

Per Flugzeug

Die Flughäfen John F. Kennedy International Airport und Newark Liberty International Airport werden im Direktflug von mehreren deutschen Flughäfen aus angeflogen, Flugzeit ca. 7 Std. Der La Guardia Airport bedient den inneramerikanischen Flugverkehr.
Informationen zu den Flughäfen: www.panynj.gov

John F. Kennedy International Airport (JFK)
Tel. +1 / 718 / 2 44 44 44
Ca. 24 km (15 Meilen) von Midtown Manhattan entfernt im Stadtteil Queens.
Nach Zollabfertigung und Gepäckausgabe zur Weiterreise in die Stadt den Schildern *Ground Transportation* folgen, Fahrzeit mit Taxi und Bus 40–60 Min. außerhalb der Stoßzeiten. Mit dem SuperShuttle Bustransfer zu jeder beliebigen Adresse sowie zu allen Hotels in Manhattan. Abfahrt mindestens alle 20 Min., einfache Fahrt 13–22 $. Anmeldung für die Fahrt in die Stadt am Ground Transportation Desk, Rückfahrt 24 Std. vorab reservieren, Tel. +1 / 212 / 2 58 38 26 oder +1 / 800 / 2 58 38 26, www.supershuttle.com. Mit Bussen des New York Airport Service alle 20–30 Min. nach Manhattan (Grand Central Station, Port Authority Bus Terminal, Penn Station), einfache Fahrt 15 $, Tel. +1 / 212 / 8 75 82 00, www.nyairportservice.com. Umständlicher und länger ist die Fahrt mit Air Train und Subway: Umstieg an der Subway-Station Howard Beach in Linie A bzw. an der Jamaica Station in Linie E, J, Z oder die Long Island Rail Road. Fahrzeit gesamt ca. 70–90 Min., einfache Fahrt ca. 12 $, Gepäckmitnahme begrenzt. Taxi nach Midtown Manhattan, 45 $ Festpreis zuzüglich Brücken- und Tunnelzoll sowie Trinkgeld. Nur lizenzierte gelbe Taxis nutzen!

Newark Liberty International Airport (EWR)
Tel. +1 / 973 / 9 61 60 00
Ca. 26 km (16 Meilen) von Midtown Manhattan entfernt in New Jersey. Der Flughafen ist übersichtlicher als JFK. Nach Zollabfertigung und Gepäckausgabe zur Weiterreise in die Stadt den Schildern *Ground Transportation* folgen, Fahrzeit 40–60 Min. außerhalb der Stoßzeiten. Bustransfer mit SuperShuttle (Reservierung und Tarif s. o.) oder mit Newark Liberty Airport Express alle 15–30 Min. nach Manhattan (Port Authority Bus Terminal, Bryant Park, Grand Central Station), einfache Fahrt 14 $, Tel. +1 / 800 / 6 69 00 51, www.coachusa.com. Umständlicher ist die Fahrt mit Air Train und Bahn: Umstieg an der Newark Liberty International Airport Train Station in Züge von NJ Transit oder Amtrak Richtung Penn Station, einfache Fahrt ca. 12 $. Taxi nach Midtown Manhattan, 40–60 $ zuzüglich Maut und Trinkgeld sowie ggf. Rushhour- oder Wochenend-Aufschlag.

Flugsicherheit
Für das Handgepäck gelten strenge Sicherheitsbestimmungen, z. B. was die Mitnahme von Flüssigkeiten betrifft. Die Transport Security Administration hat das Recht, das Reisegepäck ohne Erlaubnis des Eigentümers zu öffnen, notfalls auch mit Gewalt. Schließen Sie ihr Gepäck daher nicht ab. Außerdem darf der Zoll Computer und Datenträger ohne konkrete Verdachtsmomente kontrollieren. Aktuelle Vorschriften unter www.us-botschaft.de oder www.tsa.gov.

Einreise- und Zollbestimmungen

Reisedokumente: Deutsche können für die Dauer von 90 Tagen ohne Visum in die USA einreisen, wenn sie einen maschinenlesbaren (bordeauxroten), mindestens für die Zeit der Reisedauer gültigen Reisepass und ein Rückflugticket besitzen. Pässe, die ab Oktober 2006 ausgestellt sind, müssen zusätzlich mit biometrischer Merkmalen ausgestattet sein. Der vorläufige (grüne) Reisepass wird nicht mehr für die visumsfreie Einreise in die USA anerkannt. Ein Visum erteilen die US-Konsulate in Berlin, Frankfurt oder München nach persönlichem Interview. Der Antrag sollte möglichst 6 bis 8 Wochen vor Reiseantritt gestellt werden
(Tel. 09 00 / 1 85 00 55, 1,86 €/Min, Mo–Fr 7–20 Uhr, www.us-botschaft.de).

Grenzkontrolle: Bereits beim Check-in müssen Reisende die Buchungsbestätigung des Hotels bzw. Angaben zu ihrem ersten Aufenthaltsort vorlegen. Bei der Einreise werden von allen Besuchern elektronische Fingerabdrücke genommen und ein elektronisches Porträtfoto erstellt. Fragen nach dem Rückflugticket, dem Grund der Reise und dem Aufenthaltsort gehören zum normalen Prozedere.
Zoll: Erwachsene ab 21 Jahren dürfen in die USA zollfrei 200 Zigaretten oder 50 Zigarren oder 2 kg Tabak sowie 1 l Alkohol und Geschenke im Wert von 100 $ einführen. Die Einfuhr von Lebensmitteln ist verboten.

INFORMATION

Touristeninformation

NYC & Company
c/o News Plus
Sonnenstr. 9
80331 München
Tel. 089 / 23 66 21 34
Fax 089 / 23 66 21 99
www.newyork.de

New York City's Official Visitor Information Center
810 Seventh Avenue, 52nd & 53rd Street
Tel. +1 / 212 / 4 84 12 22
Mo–Fr 8.30 bis 18, Sa + So 8.30 bis 17 Uhr

Filialen des Visitor Information Center:
NYC Heritage Tourism Center
Ecke Broadway/Park Row, südlich des City Hall Park
Mo–Fr 9 bis 18, Sa + So 10 bis 18 Uhr
Official Visitor Information Kiosk Chinatown
Ecke Canal/Walker/Baxter Street
So–Fr 10 bis 18, Sa 10 bis 19 Uhr

Stadtmagazine

New Yorks bekanntes Stadtmagazin **Village Voice** mit Neuigkeiten aus der Szene erscheint immer mittwochs, kostenlos in vielen Geschäften und Clubs sowie speziellen Boxen auf den Bürgersteigen. **Time Out New York** und **New York Magazine**, jeden Mittwoch bzw. Montag am Kiosk, bieten einen umfassenden Veranstaltungskalender, Restaurant-Kritiken, Partytipps u. v. m. Der **New Yorker** überzeugt vor allem mit wohl durchdachten Hintergrundessays. Informationen über aktuelle Veranstaltungen findet man auch in den Beilagen der **New York Times**.

Websites

Allgemein
www.newyork.de – Deutschsprachiger Internetauftritt der New Yorker Touristeninformation
www.nycvisit.com – Website der New Yorker Touristeninformation, auf Englisch und noch ein wenig ausführlicher
www.nyc.gov – Offizielle Seite der City of New York
www.nytimes.com – Auftritt der „New York Times“, u. a. mit Neuigkeiten aus der Stadt, Veranstaltungskalender, Online-Ticketdienst, Restaurantsuche, Kinoprogramm und Reisetipps
www.ny1.com – Immer aktuell, die Meldungen des New Yorker Lokal-Fernsehsenders

Ausgehen
Stadtmagazine und Online-Reiseführer informieren im Internet über Restaurants, Lokale und Bars, Veranstaltungen u. v. m.
http://newyork.citysearch.com
http://nymag.com
www.ny.com
www.timeoutny.com
www.villagevoice.com

Kunst & Kultur
www.broadway.com – Programm der Broadway Shows
www.newyorker.com – Umfassendes Kunst- und Kulturprogramm
www.nytheatre.com – Alles über die New Yorker Theaterszene
www.didik.com/nycinpictures – Fotos von nahezu jedem Gebäude in New York

Nützliche Tipps & Adressen

Sport & Freizeit
www.centralpark.org – Sport- und Freizeitmöglichkeiten im Central Park
www.chelseapiers.com – Freizeit- und Sportanlage
www.nycgovparks.org – Sport- und Freizeitmöglichkeiten in den Parks der Stadt
www.thegarden.com – Sportevents im berühmten Madison Square Garden
www.skatecity.com/nyc – Skating in New York, mit Routenplänen

Stadtplan
www.newyork.citysam.de – Interaktive Stadtpläne

Unterkunft
www.1800usahotels.com/nycvisit/index.html – Hotelvermittlung der Touristeninformation
http://newyork.citysearch.com – Online Reiseführer, u. a. mit Hotelvermittlung
www.nyhabitat.com – Vermittlung von Apartments und Bed & Breakfast-Unterkünften

Veranstaltungskalender
www.nycvisit.com
http://newyork.citysearch.com
http://nymag.com

LITERATURTIPPS

Stefan Aust und Cordt Schnibben (Hrsg.)
11. September, Geschichte eines Terrorangriffs. Die besten Reporter des „Spiegels" haben die Geschichte des 11. September 2001 in monatelanger Arbeit recherchiert.

Paul Auster
New York-Trilogie: Stadt aus Glas, Schlagschatten, Hinter verschlossenen Türen. Drei kunstvoll verwobene Kriminalromane, die das anonyme Leben in der Großstadt, den Zerfall von Sozialbeziehungen und den Verlust moralischer Ordnungen thematisieren.

Truman Capote
Frühstück bei Tiffany. Die Geschichte der rätselhaften, unschuldig-verruchten Holly Golightly, die in New York ihr Glück machen will.

John Dos Passos
Manhattan Transfer. Facettenreiches Bild des New York der frühen 20er-Jahre, in dem das Jagdfieber nach Arbeit, Glück und Macht wütet.

F. Scott Fitzgerald
Der große Gatsby. Der Klassiker der amerikanischen Literatur – ein Porträt des New Yorker Geldadels in den Roaring Twenties.

Oscar Hijuelos
Die Mambo Kings spielen Songs der Liebe. Zwei kubanische Musiker bringen den Mambo nach New York – eine fesselnde Zeitreise in die frühen 50er-Jahre.

Dorothy Parker
New Yorker Geschichten. Eine der bekanntesten Literaturkritikerinnen der 20er- und 30er-Jahre erzählt von einem schnelllebigen New York, wo die Menschen alles tun, um mit der rasenden Stadt mitzuhalten.

Sabine Scholl
Sehnsucht Manhattan. Literarische Streifzüge durch New York. Auf den Spuren von Poe, Melville, Whitman, Baldwin, Auster und vieler anderer Autoren entsteht ein lebendiges Bild der Literaturstadt New York.

Hubert Selby
Letzte Ausfahrt Brooklyn. Die fünf Episoden widmen sich dem gewalttätigen Alltag von Verlierern und Gestrandeten während eines Streiks 1952 im New Yorker Stadtteil Brooklyn.

Tom Wolfe
Fegefeuer der Eitelkeiten. Tragisch-komischer Großstadtroman über die Wall-Street-Generation.

Stadtrundfahrten

Bus und Subway

Einen preiswerten Überblick über Manhattan vermittelt eine Fahrt mit dem **Bus M 1** ab E 8th Street/4th Avenue (Mo bis Fr auch ab South Ferry) bis W 146th Street in Harlem und zurück. Nicht nur bei Regen lohnt eine Tour mit der **Subway** durch das unterirdische Manhattan.

Gray Line

Tel. +1 / 800 / 6 69 00 51 und +1 / 212 / 4 45 08 48
www.graylinenewyork.com
Die All Loops Tours im roten Doppeldeckerbus führen auf vier verschiedenen Strecken quer durch Manhattan und Brooklyn. Beliebig viele Fahrtunterbrechungen an 50 Haltepunkten. Fahrzeit je Tour ca. 2–3 Std. Starts alle 30 Min. ab Times Square zum **Downtown Loop** sowie zur **Holiday Lights Tour**, ab Gray Line Visitors Center (777 8th Avenue) zum **Uptown Loop** und ab South Street Seaport zum **Brooklyn Loop**.
48-Stunden-Ticket 44 $.

Schiffstouren

Staten Island Ferry

Einen traumhaften Blick auf die Skyline Manhattans und auf die Freiheitsstatue ermöglicht die kostenlose Fährfahrt nach Staten Island und zurück. Abfahrten ab Ferry Terminal Whitehall Street an der Südspitze Manhattans mindestens alle 30 Min., Überfahrt ca. 25 Min.

Circle Line

Tel. +1 / 212 / 5 63 32 00
www.circleline42.com
Bootsfahrten von 75 Min. und 2 Std. Dauer vor der Südspitze von Manhattan Island sowie dreistündige Inselumrundung. Abfahrt ab Pier 83 am Westende der 42nd Street. Im Sommer tgl. mehrmals, im Winter reduzierter Fahrplan. Tickets 19, 24 und 29 $.

Rundflüge

Im Hubschrauber rund um die Freiheitsstatue und über Downtown Manhattan. Flugzeit von ca. 5–7 Min. bis zu 30 Min., ab 69 $/Pers. Schnupperflug von 2–2,5 Min., 30 $/Pers. Startpunkte: VIP Heliport (W 30th Street/ 12th Avenue), Downtown Manhattan Heliport (Pier 6 zwischen South Street Seaport und Staten Island Ferry Terminal, Mo–Sa) und Paulus Hook Pier (Jersey City).
Helicopter Tours, Tel. +1 / 212 / 3 55 08 01, www.heliny.com
Liberty Helicopter Tours, Tel. +1 / 212 / 9 67 64 64 und Tel. +1 / 800 / 5 42 99 33, www.libertyhelicopters.com

Stadtführungen

Big Apple Greeter

1 Centre Street, 19th Floor, New York, NY 10007
Tel. +1 / 212 / 6 69 81 59
www.bigapplegreeter.org
New Yorker führen Besucher (max. 6 Pers.) kostenlos 2 bis 4 Stunden durch ihre Stadt, auch auf Deutsch. Anmeldung ca. 3–4 Wochen im Voraus via Internet.

Big Onion Walking Tours

Tel. +1 / 212 / 4 39 10 90
www.bigonion.com
Fachkundig geführte Rundgänge zu speziellen Aspekten wie Einwanderung, Gangs u. v. m., 15 $/Pers.

Bike the Big Apple

Tel. +1 / 877 / 8 65 00 78
www.bikethebigapple.com
Geführte Radtouren durch New York, Dauer 5–7 Std., Länge 8–15 Meilen, 65–75 $/Pers. inkl. Fahrrad und Helm.

Harlem Heritage Tours

Tel. +1 / 212 / 2 80 78 88
www.harlemheritage.com
Thematische Spaziergänge durch Harlem (z. B. zur Stadtgeschichte, Gospelkirchen) sowie spezielle musikalische Touren (Salsa, Hip-Hop, Jazz), ab 25 $/Pers.

Nützliche Tipps & Adressen

Harlem Spirituals Tours
Tel. +1 / 212 / 3 91 09 00 und Tel. +1 / 800 / 6 60 21 66
www.harlemspirituals.com
Spaziergänge und Bustouren, auch auf Deutsch, durch Harlem und andere Stadtviertel und zu Spezialthemen, ab 49 $/Pers.

Insight Seeing
Tel. in Deutschland 030 / 42 85 79 49
Tel. in New York +1 / 718 / 4 47 16 45
www.insightseeing-tours.de
2- bis 6-stündige Führungen durch Manhattan, Harlem, Bronx, Brooklyn, Queens und Staten Island, in englischer und deutscher Sprache, ab 19 €/Pers. Außerdem Individualführungen, Dauer mind. 2 Std., 66 €/Std.

Aussichtspunkte

Atemberaubende Aussichten eröffnen sich vom Observation Deck des **Empire State Buiding** (www.esbnyc.com) und vom Top of the Rock im **Rockefeller Center** (s. o). Grandiose Blicke auf die Skyline von Manhattan genießt man von der **Staten Island Ferry** (s. o), vom Gehweg über die **Brooklyn Bridge** oder von der **Roosevelt Island Tram**, einer Schwebebahn über den East River (www.rioc.com). Zu virtuellen Höhenflügen mit ungewöhnlichen New-York-Perspektiven lädt das **NYSkyride**-Kino im Empire State Building (www.skyride.com).

TICKETS & ERMÄSSIGUNGEN

Ticketbüros

Bestellung von Tickets für nahezu alle Konzerte, Kultur- und Sportveranstaltungen online oder telefonisch bei:
Ticketmaster, Tel. +1 / 212 / 3 07 71 71, www.ticketmaster.com, Telefonservice Mo–Fr 9 bis 21, Sa bis 20, So bis 18 Uhr
Telecharge, Tel. +1 / 212 / 2 39 62 00, www.telecharge.com, 24-Stunden-Service

TKTS Theatre Centers
Discount-Tickets mit Rabatten von 25 %, 35 % und 50 % für Broadway- und Off-Broadway-Shows, für Tanzveranstaltungen und Musicals. Nur für Veranstaltungen des jeweiligen Tages bzw. für Matineen des Folgetages. Zahlung nur in bar oder mit Travellerschecks, 3 $ Bearbeitungsgebühr. Alle verfügbaren Tickets werden über eine Anzeigetafel angezeigt. www.tdf.org. Verkaufsstellen:
TKTS Booth Times Square, W 47th Street/Broadway, Mo, Mi–Sa 15 bis 20, Di ab 14, So ab 15 Uhr (Abendvorstellungen), Mi und Sa 10 bis 14, So 11 bis 15 Uhr (Matineen).
TKTS Booth South Street Seaport, John Street/Front Street, Mo–Sa 11 bis 18, So bis 15 Uhr (Abendvorstellungen), Tickets für Matineen jeweils nur am Vortag (Di, Fr, Sa).

Ermäßigungen

City Pass
Zugang zum halben Preis und keine Wartezeiten im Empire State Building, MoMA, Guggenheim Museum und American Museum of Natural History sowie zu einer zweistündigen Circle-Line-Bootstour. Erhältlich im Visitor Center, bei den beteiligten Unternehmen oder online unter www.citypass.com, 53 $/Pers.

Unlimited Ride MetroCard
Unbegrenzte Nutzung von Subway, Staten Island Railway und Stadtbussen sowie Ermäßigungen in einigen Museen, Restaurants und Geschäften. Erhältlich u. a. im Visitor Center, in Hotels sowie an MetroCard Vending-Automaten, Tagesticket 7 $, Wochenticket 24 $.

UNTERWEGS IN NEW YORK

Öffentlicher Personennahverkehr

Metropolitan Transportation Authority (MTA)
Tel. +1 / 718 / 3 30 12 34
www.mta.info
Das schnellste New Yorker Verkehrsmittel ist die **Subway**. Sie verkehrt auf ca. 30 Strecken mit hoher Frequenz rund um die Uhr. Staten Island wird von der Staten Island Railway (SIR) bedient, Long Island von der Long Island Rail Road (LIRR). Local Trains stoppen an allen Stationen, während die schnellen Express Trains nur an bestimmten Stationen halten, im Subway-Plan durch weiße Kreise und Ovale gekennzeichnet. Ergänzt wird die Subway durch ein dichtes **Busliniennetz**. Busse verkehren von 6 Uhr bis etwa Mitternacht alle 5–15 Min. Einzelfahrschein Subway oder Bus 2 $, Express Bus 5 $, Mehrfahrtenschein mit wiederaufladbarer MetroCard, unbegrenztes Fahren mit der Unlimited Ride MetroCard. Erhältlich u. a. in Subway Stations, an MetroCard Vending-Automaten und Kiosken, Einzelfahrscheine auch beim Busfahrer (nur mit abgezählten Münzen!). Die Netzpläne von Subway, Bahn und Bus stehen auf der Hompage der Metropolitan Transportation Authority als Downloads zur Verfügung.

Taxi

Tel. +1 / 212 / 3 02 82 94
Die Fahrt mit dem *cab* (Taxi) ist in New York vergleichsweise preiswert: Grundgebühr für die erste Drittelmeile 2,50 $, jede weitere Fünftelmeile bzw. im Stau alle 2 Min. 0,40 $. Hinzu kommen ggf. Nachtzuschlag von 20–6 Uhr, Rushhour-Zuschlag, Tunnel- und Brückengebühren sowie 15 % Trinkgeld. In der Regel winkt man ein freies Taxi, erkennbar an der beleuchteten Nummer auf dem Dach, heran, telefonische Bestellungen sind unüblich. Unbedingt nur in lizenzierte Taxis einsteigen – immer gelb und mit Taxameter ausgestattet. Die nicht lizenzierten, so genannten *gypsy cabs* fahren oft unversichert und verlangen höhere Fahrpreise.

VERANSTALTUNGEN

Lunar New Year Celebration
Ende Jan./Anfang Feb. (beim ersten Vollmond nach dem 21. Jan.), Neujahrsfest in Chinatown mit Paraden, Drachentänzen und Feuerwerk (www.explorechinatown.com).

St. Patrick's Day Parade
Um den 17. März, große Parade auf der Fifth Avenue zwischen 44th und 86th Street zu Ehren des irischen Nationalheiligen (www.saintpatricksdayparade.com).

Great Five Boro Bike Tour
Anfang Mai, 42-Meilen-Radtour durch die fünf Stadtteile New Yorks, mit Festival (www.bikenewyork.org).

Puerto Rican Day Parade
Erster So im Juni, Musik und Tanz der puertoricanischen Gemeinde auf der Fifth Avenue zwischen 44th und 86th Street (www.nationalpuertoricandayparade.org).

Museum Mile Festival
Zweiter Di im Juni, freier Eintritt in die neun großen Museen an der Fifth Avenue sowie Straßenfest mit Live-Bands und Unterhaltung (www.museummilefestival.org).

Shakespeare in the Park
Mitte Juni–Anfang Juli, Shakespeare-Aufführungen auf der Freilichtbühne des Delacorte Theater im Central Park, freier Eintritt, Beginn jeweils 20.30 Uhr, Tickets jeweils am Tag der Vorstellung beim Public Theater in der Lafayette Street (Tel. +1 / 212 / 5 39 86 50, www.publictheater.org).

Central Park Summer Stage
Mitte Juni–Mitte Aug., Konzerte, Tanzdarbietungen, Filmvorführungen und Lesungen auf einer Bühne mitten im Central Park, mehrere Veranstaltungen pro Woche, meist kostenlos (www.summerstage.org).

Nützliche Tipps & Adressen

Downtown River to River Festival
Mitte Juni–Sept., über 500 Kulturveranstaltungen in Theatern und Museen, auf Plätzen und in Parks in Lower Manhattan (www.rivertorivernyc.com).

Pride Week
Ende Juni, mehrtägiges Fest der schwul-lesbischen Gemeinde mit großem Umzug am letzten Sonntag im Juni (www.hopinc.org).

Good Morning America Concert
Anfang Juli–Ende Aug., Pop-Konzerte der Spitzenklasse auf der Upper Terrace im Bryant Park, kostenlos, Beginn 7 Uhr! (www.bryantpark.org).

Macy's Fourth of July Fireworks Spectacular
4. Juli, Feiern zum Unabhängigkeitstag und gigantisches Feuerwerk über dem East River.

New York Philharmonic in the Park
Mitte Juli, Open-Air-Konzerte der Philharmoniker im Central Park und auf anderen Grünflächen der Stadt mit abschließendem Feuerwerk, Beginn jeweils 20 Uhr (www.newyorkphilharmonic.org).

Sept 11th Anniversary
11. Sept., Gedenkfeier für die Opfer der Anschläge auf das World Trade Center mit Konzerten, Ausstellungen und Lichtershow.

German American Steuben Parade
Dritter Samstag im Sept., Parade auf der Fifth Avenue zwischen 63rd und 86th Street der deutschen und deutschstämmigen New Yorker, inklusive bayerischer Trachtenkapellen und kölscher Jecken (www.germanparadenyc.org).

Greenwich Village Halloween Parade
31. Okt., nächtlicher Kostüm- und Fackelumzug zwischen Spring Street und 22nd Street (www.halloween-nyc.com).

ING New York Marathon
Anfang Nov., der weltgrößte Marathon führt durch die fünf New Yorker Stadtteile (www.nycmarathon.com).

Macy's Thanksgiving Parade
23. Nov., Festzug mit Blaskapellen, Cheerleader- und Tanzgruppen, überdimensionierten aufblasbaren Comicfiguren und Riesenballons sowie mit dem Auftritt von Santa Claus (www.macys.com).

Lighting of the Rockefeller Center Christmas Tree
30. Nov., Illumination der riesigen Weihnachtstanne auf dem Rockefeller Plaza.

New Year's Eve Ball
31. Dez., ab dem frühen Abend gigantische Party am Times Square und kurz vor Mitternacht der berühmte *Ball Drop* von der Spitze des Gebäudes One Times Square (www.timessquarebid.org).

WICHTIGE HINWEISE

Elektrizität
Stromspannung 110 Volt. Für elektrische Geräte benötigt man einen Adapter.

Geld
Landeswährung: US-Dollar ($)
1 Dollar ($) = 100 Cents (ct)
Wechselkurs (Stand Anfang 2007):
1 $ = ca. 0,80 € bzw. 1 € = ca. 1,30 $
Bank- und Kreditkarten: Kreditkarten und Travellerschecks werden meist akzeptiert. Mit ec/Maestro-Karte und Geheimnummer erhält man an Geldautomaten mit blauem Cirrus-Zeichen US-Dollars: Karte durch Lesegerät ziehen, PIN eingeben und „Withdrawal from Checking" wählen. 50 $- und 100 $-Scheine werden in Läden ungern gewechselt.

Krankenversicherung
Arzt- und Krankenhausaufenthalte müssen vor Ort bezahlt werden. Wegen der hohen Kosten für medizinische Betreuung empfiehlt sich der Abschluss einer Reisekrankenversicherung.

Notfall
Notruf: Tel. 911 (Polizei, Feuerwehr)
Notarzt: Tel. + 1 / 800 / 3 95 34 00
Crime-Hotline für Verbrechensopfer:
Tel. +1 / 212 / 5 77 77 77
New York Hotel Urgent Medical Service:
Tel. +1 / 212 / 7 37 12 12 (24-Stunden-Dienst, die Ärzte kommen ins Hotel)
Generalkonsulat: 871 United Nations Plaza, First Avenue/49th Street, Tel. +1 / 212 / 6 10 97 00, www.germany-info.org. Mo–Fr 9 bis 12 Uhr

Öffnungszeiten
Banken: In der Regel Mo–Fr 9 bis 15.30 Uhr, meist Do oder Fr bis 18 Uhr.
Geschäfte: Es gibt kein Ladenschlussgesetz. Viele Läden öffnen rund um die Uhr. Große Kaufhäuser in Midtown schließen am So. Jüdische Läden, vor allem in der Lower East Side, sind ab Freitagnachmittag und Sa geschlossen.
Museen: In der Regel Di–So 10 bis 17 Uhr, meist einmal die Woche bis in die Abendstunden.
Restaurants: Gehobene Restaurants 11.30 bis 14 Uhr Lunch und 18 bis 22 Uhr Dinner. Viele Lokale sind durchgehend geöffnet, einige sogar rund um die Uhr.

Rauchen
Rauchen ist in öffentlichen Gebäuden, in Taxis und Nahverkehrsmitteln, in Restaurants und Bars nicht erlaubt. Im Hotelzimmer sollten Raucher einen *smoking room* verlangen.

Reisezeit
In New York ist ganzjährig Saison. Allerdings sind die Sommer sehr heiß und schwül. Im Juli und August steigt das Thermometer oftmals auf 28 °C. Im Januar und Februar sind *blizzards* (Schneestürme) keine Seltenheit.

Sicherheit
New York gilt mittlerweile als sicherste Großstadt der USA. Es gelten die üblichen Vorsichtsmaßnahmen. Vor allem am Times Square oder anderen belebten Plätzen, in der Grand Central Station und am Port Authority Busbahnhof sollte man vor Taschendieben auf der Hut sein. Nachts sollte man einsame Straßen und Parks meiden. Für den Ernstfall eine Börse mit ca. 20 $ bereithalten und ohne Widerstand herausrücken. Die Linien N und R der Subway zwischen Downtown und Midtown sind bis in die Nacht hinein voll. Es empfiehlt sich, in den Off-Hour-Waiting-Areas nahe des Ausgangs zu warten.

Telefonieren
Vorwahlen New York: 212, 917, 646 (Manhattan) und 718, 347 (Brooklyn, Bronx, Queens, Staten Island). Zunächst die 1 wählen
Innerhalb New York: 1 / Vorwahl / Telefonnummer
Deutschland – New York:
001 / Vorwahl / Teilnehmernummer
New York – Deutschland:
011 49 / Ortsvorwahl ohne 0 / Teilnehmernummer
Operator: national Tel. 0, international Tel. 00 (Vermittlung von Fern- und R-Gesprächen sowie Notfälle)
Telefonauskunft: Tel. 411
Gebührenfreie Nummern:
1 / 800, 888, 866 oder 877 / Teilnehmernummer
Von Telefonzellen kann man mit einer *prepaid phone card* auch internationale Gespräche führen. Unter der auf der Karte angegebenen Telefonnummer wird der Freischalt-Code bekannt gegeben. Erhältlich an Zeitungskiosken oder Touristeninformationen. Mobiltelefone (*mobile phones* oder *cell phones*, Handy ist ein deutscher Begriff!) funktionieren nur mit Triband-Technik. Vor Ort, z. B. am Flughafen, kann man für die Dauer des Aufenthalts ein Mobiltelefon mieten.

Trinkgeld
In den USA leben Angestellte in Dienstleistungsberufen in erster Linie von den *tips*. Kellner und Taxifahrer erhalten ein Trinkgeld von mind. 15 % des Rechnungsbetrags. Zimmermädchen, Kofferträger, Schuhputzer, Garderobenpersonal erwarten 1–2 $ Trinkgeld.

Zeit
In New York gilt Eastern Time, sodass die Zeitverschiebung minus sechs Stunden gegenüber Deutschland beträgt. Von Anfang April bis Ende Oktober werden auch in den USA die Uhren wegen der Sommerzeit eine Stunde vorgestellt.

NEW JERSEY
Holland Tunnel
21
48

UPPER WEST SIDE
Central Park
UPPER EAST SIDE
W 72nd St
E 86th St
W 57th St
E 66th St
Lincoln Tunnel
HUDSON RIVER
59th St Bridge
MIDTOWN
W 30th St
W 34th St
E 42nd St
Ninth Ave
Seventh Ave
Avenue of the Americas
Broadway
Fifth Ave
Park Ave
CHELSEA
Queens Midtown Tunnel
E 23rd St
E 14th St
First Ave
GREENWICH VILLAGE
MANHATTAN
SOHO
Bowery
EAST VILLAGE
E Houston St
Delancey St
Canal St
West St
TRIBECA
CHINA-TOWN
Williamsburg Bridge
FINANCIAL DISTRICT
Brooklyn Bridge
Manhattan Bridge
EAST RIVER
BROOKLYN
km
1
2

City Highlights

AMSTERDAM
ISBN 978-3-8327-9184-1

BARCELONA
ISBN 978-3-8327-9178-0

BERLIN
ISBN 978-3-8327-9179-7

HAMBURG
ISBN 978-3-8327-9181-0

LONDON
ISBN 978-3-8327-9190-2

MAILAND
ISBN 978-3-8327-9186-5

MÜNCHEN
ISBN 978-3-8327-9180-3

NEW YORK
ISBN 978-3-8327-9185-8

PARIS
ISBN 978-3-8327-9183-4

ROM
ISBN 978-3-8327-9188-9

VENEDIG
ISBN 978-3-8327-9187-2

WIEN
ISBN 978-3-8327-9189-6

Einzelbände
Format: 19 x 24 cm
160 Seiten
Hardcover
ca. 300 Farbfotografien
Texte in Deutsch

Gesamtedition
ISBN 978-3-8327-9191-9

WELT EDITION

teNeues